y dicen POR ahí...

'La hora del té es un libro que, más allá de si sabes bordar o no, te inspira. Los perso[...]
creativos y fuera de lo común. Los proyectos están muy bien detallados, con anotacion[...]
hacen divertido y un placer para los sentidos. ¡Amo este libro!'
ADRIANA TORRES / @SOYMIGADEPAN / AR

'Disfrutando muchísimo del súper libro de @misakomimoko #lahoradelte en mi hora del mate. Una delicia de edición y dedicación en proyectos bordados muy divertidos, ¡y con el sello incomparable de Eva que tanto adoro!. Con ella empecé a bordar y me ha transmitido la pasión por el bordado y a amar la imperfección graciosa de las puntadas'
LOLY GHIRARDI / @SRTALYLO / AR

'Es un verdadero placer encontrar un libro tan bonito, tan bien hecho, cuidado hasta el más pequeño detalle y que refleje la personalidad de su autora. Os lo recomiendo bordéis o no. ¡Este libro es pura inspiración y creatividad!'
ISHTAR OLIVERA /@ISHTAROLIVERA / UK

'Un libro lleno de detalles, fotos, dibujos, texto explicativo y divertido a la vez... 14 proyectos en los que se nota que le encanta lo que hace y que tiene ese algo que sabe que te va a transmitir no sólo por el esfuerzo que ha puesto en crearlo sino también por su estilo y su manejo del diseño.
Seas o no un/una fan del bordado, cosa que no recuerdo haberme planteado hasta tener este libro, querrás probarlo. Incluso te vendrás arriba y te imaginarás haciendo todos esos proyectos preciosísimos que vas a encontrar en el libro, bordando como si no hubiera un mañana'
"MARINA OPINA" BLOG DEESTRAPERLO / @DEESTRAPERLO / ES

'Adoro el maravilloso mundo de Eva: Conmovedor, divertido y meticuloso. Este libro sigue fiel a su estilo y es perfecto para principiantes'
JULIE ADORE / @JULIEADORE / FR

'La hora del té tiene la capacidad de sacarte una sonrisa con cada proyecto de bordado. Me encanta el universo de Eva. Es hermoso, original y muy inspirador'
LEIRE VILLAR / @AMESKERIA / ES

'El libro de Eva Misako mola mogollón, está hecho con mucho mimo. Un libro perfecto para bordadoras novatillas, pero también para experimentadas'
CRISTINA / @CRISTINACHANCHE / ES

'Todo el libro es hermoso, se nota el amor y dedicación que se le ha puesto. En clase lo hemos revisionado bastante porque ayuda mucho a las alumnas a dar vida a sus bordados fuera de los bastidores'
VIRGINIA SOSA / @NUEVO.REINO / UR

'Una de mis bordadoras favoritas. El trabajo de Eva es original y divertido a partes iguales. En este libro te enseña a bordar desde cero creando diferentes proyectos a cada cual más bonito'
MINIA / @STUDIOVARIOPINTO / ES

© 2022 Instituto Monsa de ediciones.
Primera edición en diciembre 2022 por Monsa Publications,
Calle Gravina 43 (08930) Sant Adrià de Besós.
Barcelona (España) T +34 93 381 00 93
www.monsa.com monsa@monsa.com

Editor y dirección del proyecto Anna Minguet
Concepto, dirección artística, bordados y proyectos, ilustraciones,
fotografía, textos, diseño y maquetación de la obra:
Eva Monleón Cifo
Adaptación de la maqueta original para esta edición del libro:
equipo editorial Monsa
Impreso en España por Gómez Aparicio

Tienda online: www.monsashop.com
¡Siguenos en Instagram! @monsapublications

ISBN: 978-84-17557-55-3
D.L. B 18978-2022
Diciembre del 2022

Hilos patrocinados por DMC España.Se agradece la colaboración
de DMC España en la realización de esta obra.

la hora del té

MANUAL BÁSICO DE BORDADO

Misako Mimoko

Este libro no hubiera existido sin mi querido señor Gabriel Corbera, su paciencia y sus buenos consejos, sin el blog Misako Mimoko y todos los que lo han visitado, sin mi amiga Gabriela Sarrias, Las Granny Girls o las Abuelitas Modernas, sin Alícia y su Duduá, sin La Galería de Casa Sagnier, Vil·la Uránia y todos los demás sitios donde me han invitado a dar talleres, sin las que habéis aprendido a bordar conmigo, o me habéis acompañado descubriendo nuevas técnicas. Tampoco existiría sin Eva y Anna de la editorial Monsa, Pilar y el equipo de DMC España. A todos, mil gracias :)

Índice

INTRODUCCIÓN
TÉ Y BORDADO

Tienes en tus manos un libro de bordado para principiantes un tanto especial, porque se explican las técnicas básicas de una manera muy práctica y personal, intentando hacerlo lo más fácil y divertido posible.

Todos los proyectos que se incluyen tienen una temática común: el té, que es una de mis cosas favoritas y creo que es la compañía perfecta para una tarde entre hilos y agujas.

Muchas de las cosas que explico en el libro las he aprendido dando clases, preparando los temarios y navegando por internet en busca de nuevas técnicas o aplicaciones... y también de la gente que viene a las clases. Siempre hay alguien que conoce algún punto o algún truquillo que no sabía. Además he tenido la suerte de encontrar señoritas, y algún señorito, que se entusiasman bordando tanto o más que yo, así que disfruto del bordado cada vez más.

En este libro recojo muchos de esos truquillos, pero también intento transmitir esa alegría, satisfacción, libertad y energía que te da el bordado. Yo creo que no se trata de saber bordar puntos perfectos y hacerlo todo niquelado... La imperfección es humana y es graciosa, tenemos que celebrarla constantemente. ¡Todo vale! ¿Verdad que no te gusta que se metan con el orden o las costumbres de tu casa? Pues el bordado tendría que ser algo parecido, cada uno borda como más le apetece. Lo ideal es aprender las técnicas y conocer los materiales para poder utilizarlos luego como mejor nos parezca. La historia del bordado es tan larga y hay tantos puntos y técnicas... Cuanto más lo conoces más libre te sientes. Pasa algo parecido también como con la gastronomía, existe un tipo de bordado perfecto para cada momento y también para cada tipo de persona, incluso para las que les gusta tener resultados en dos minutos.

He disfrutado mucho inventándome los proyectos y los bordados, bordándolos y explicando cómo hacerlos de la manera más clara posible. Lo he llenado de dibujitos con mis perso-

najes y mis muñecas de trapo las Dolis y Dolos. He incluido también algunas curiosidades sobre la planta del té y su ceremonia... y lo he aderezado todo con un cierto aire retro, que evidentemente no podía faltar.

CONTENIDO DEL LIBRO

El libro está dividido en cuatro partes. La primera es una **introducción** a los materiales, trucos y consejos.

La segunda parte contiene los **proyectos**, con uno o varios bordados y un proyecto de costura. Viene indicado su nivel de dificultad (del 1 al 5), los tipos de hilos, colores y puntos empleados, donde encontrar las plantillas y patrones si los hubiera y el resto de materiales, además de algunos detalles de los puntos y gráficos. El primer proyecto es un ejemplo que sirve para ilustrar la mayoría de las explicaciones de la introducción al bordado.

En la página 127 encontrarás unas **direcciones web** con mercerías, tutoriales, bordadoras... y a continuación, los **gráficos de todos los puntos** empleados, con referencias a las páginas de los proyectos donde aparecen. Están también traducidos para que puedas encontrar información en internet.

Por último, la cuarta parte son **los patrones y plantillas** de los bordados que encontrarás en las páginas finales del libro.

Espero que el libro te guste y te inspire. Experimenta probando variaciones de los proyectos, cambiando colores y tamaños, utilizando tus telas preferidas o combinando diferentes bordados... Sobre todo, ten paciencia, porque a veces bordar es lento y no estamos acostumbrados a bajar el ritmo. Necesitamos más calma, este libro es la excusa perfecta para prepararse una taza de té y disfrutar de un buen rato bordando a solas, o en compañía.

ALFILERES

ALFILETERO

CINTA
MÉTRICA

DEDAL

TIJERAS
pequeñas
con PUNTA

BASTIDOR

LÁPIZ ESPECIAL Y
ROTULADORES PARA TEJIDOS

TIJERAS
NORMALES

PEGAMENTO TEXTIL

10

ENHEBRADOR

AGUJAS DE BORDAR

NECESITARÁS

AGUJAS DE COSER

CON PUNTA
REDONDEADA

PERLÉ
FINO

PERLÉ
GRUESO

LANA COLBERT

COTON
RETORS

MOULINÉ

BOBINAS
DE PLASTICO

HILO DE COSER

11

INTRODUCCIÓN A LOS MATERIALES

Uno de los atractivos del bordado es que sólo necesitas hilo de cualquier tipo (lanas, algodón, cuerdas, cables...) aguja para ese tipo de hilo y un soporte (tela, papel, paredes... basta hacerle agujeros). Es fantástico, porque seguro que encuentras lo básico para empezar en casa y además como no es nada aparatoso, te lo puedes llevar contigo a todas partes.

Empezarás más de un bordado por capricho, por un diseño, o un dibujo, unos hilos de colores o una tela que te han robado el corazón y te mueres de ganas de utilizarlos; pero sólo conseguirás acabarlo si disfrutas bordándolo cómodamente. Si no bordas con los materiales adecuados seguramente lo dejarás apartado como tantos otros proyectos... es como pasear con unos zapatos que aprietan.

Existe una aguja ideal para cada tipo de hilo, un hilo ideal para cada tejido... y también el punto más adecuado para trabajarlos, pero eso no quiere decir que sea la combinación que tú debas escoger. Simplemente se trata de una cuestión práctica, será la combinación con la que te sentirás más cómoda.
Para mí el bordado es una conversación entre el hilo y la tela, o entre la tela y tú. Puedes mostrar su fragilidad tensando mucho el hilo hasta rasgarla, o arrugándola... o jugar con ella acariciándola y haciéndote cosquillas con diminutas puntadas. Dependerá de lo que tú quieras mostrar, quizás una lana gruesa queda preciosa bordada sobre un tul, aunque no sea lo ideal... Hay gente a quienes les encantan los bocadillos de petazetas, aunque no estén hechos para comerse juntos.

En los proyectos de este libro se detallan el tipo de tela, aguja e hilos que he utilizado, pero lánzate a la aventura y aprovecha cosas y materiales que tengas en casa para experimentar, verás qué diferentes quedan cambiando simplemente los materiales :)

Visita mercerías, tiendas de telas y mercadillos para familiarizarte con todos los tipos de tejidos. Pregunta en mercerías para qué tipo de bordado se recomiendan. Allí hay siempre dependientas y abuelitas que son verdaderas enciclopedias con patas y muchas de ellas estarán encantadísimas de aclararte todas tus dudas, sólo hay que encontrarlas ;)

Tela

Los tejidos forman parte de nuestra vida cotidiana, es nuestra segunda piel y a través de ellas hemos aprendido a relacionarnos con el mundo exterior desde que nacimos. Nos trae a la cabeza recuerdos o simplemente nos aporta una sensación de familiaridad, ya sea por su textura, olor, o su color... con las que me gusta jugar. También hace que la gente se sienta más suelta y feliz decorándose una chaqueta o un bolso que desarrollando otras disciplinas artísticas, y eso me encanta.

Cuando prepares el bordado debes elegir bien el soporte, puedes bordar sobre cualquier tipo de tela, pero si el bordado va a decorar un estuche, tendrás que escoger la tela en función de su uso final para que resistan bien el roce y los lavados. En las mercerías encontrarás algunas telas especiales para bordar. ¿En qué se diferencian del resto? Las de bordar están tejidas o preparadas para determinados tipos de bordado. Están las **telas para bordados de hilos contados** como el punto de cruz, el medio punto o tapicería. Como en estas técnicas se cuentan los hilos del tejido en cada nueva puntada, son telas con una trama abierta y regular que facilita el bordado de puntadas uniformes. No necesitan tensarse con un bastidor porque suelen estar endurecidas. Están numeradas según su número de trama, que es el número de hilos o agujeritos que hay en cada pulgada (2,5 cm). Como cada hilo o agujerito es el equivalente a una puntada cuanto más alto sea el número de

hilos, más pequeña será la puntada. Para punto de cruz utiliza tela Aída, Lugana, Lagartera o incluso Lino. Para bordar sobre otros tipos de tejidos como camisetas o punto, puedes emplear telas solubles o telas especiales para deshilachar (página 16). Para bordar tapicería necesitarás cañamazo. Es una especie de rejilla compuesta por un tejido grueso plasticoso con tramas muy abiertas, van también numeradas y algunas son incluso láminas de plástico perforado. Se trabajan con lanas o hilos gruesos de algodón y son perfectas para iniciarse en el bordado.

Para el resto de bordados en los que el diseño del dibujo no depende de la trama del tejido, guíate por el efecto que quieras darle para escoger la tela. Si quieres hacer un bordado muy tupido, con mucha carga de hilo, necesitarás una tela resistente y gruesa. La tela tiene que soportar bien la tensión de los hilos (a menos que quieras mostrar lo contrario). Las telas muy finas puedes utilizarlas en un proyecto para decorar una pared, o puedes añadirle una entretela para reforzarla antes de bordarla (página 16).

Antes de empezar a bordar pruebas diferentes hilos y agujas. Combina texturas y efectos, telas mates con hilos de algodón mate o brillantes, telas brillantes, con lana o lino... Y utiliza telas de buena calidad para que el bordado al que dedicas tanto tiempo luzca en las mejores condiciones el mayor tiempo posible.

Hilo

El hilo es el alma del bordado, es lo que le confiere textura, con sus brillos y volumen. ¡Son mi debilidad! Cuando pintaba siempre me decepcionaban los colores, porque al secarse el color siempre quedaba apagado y sin vida. Cuando bordas, dibujas y coloreas directamente con el hilo, multiplicando la gama cromática con los brillos y creando volúmenes con algunos puntos que elevan los hilos o los retuercen... se crea un juego de luces y sombras precioso. Bueno, eso lo ves cuando te acercas y lo miras de la misma manera que miras los pétalos de una flor. Es lo mágico del bordado, te puedes perder en él.

Escoge el hilo por el brillo y textura que más te guste. El grosor del hilo dependerá del tamaño de la trama de la tela que vayas a utilizar.

Importante: Cuando escojas el hilo hazlo siempre teniendo delante la tela que vayas a utilizar y a ser posible con luz natural. Los colocas encima de tu tela y entonces decides. ¡No sabes cómo puede cambiar la tonalidad de un color!

Apúntate siempre el número del color e incluso la tintada. En proyectos largos calcula la cantidad de hilo que creas que vas a necesitar para comprarlos juntos porque a veces varía el tono según la tintada.

Compra hilos de buena calidad, se nota un montón bordando, se enredan menos, su color y brillo no se apaga... Si compras hilos de marcas que no son conocidas, déjalos en remojo un día para ver si destiñen. Mira siempre su composición antes del lavado, hazlo siempre mejor con agua fría. Haz pruebas del mismo punto con diferentes hilos y verás cómo cambia.

Es una locura la cantidad de hilos que hay según su composición, grosor, densidad o brillo. Yo bordo con todo tipo de hilos desde los de costura hasta los restos de lanas que andan por casa. Todos los proyectos de este libro están bordados con hilos de la marca DMC, encontrarás los tipos de hilos y códigos de los colores al principio de cada proyecto.

Hilo para costura: Como es tan fino, lo utilizo para bordar los detalles más delicados, como los ojos en las caras.

Hilo Mouliné: Es el que se utiliza más para bordar, sobre todo en punto de cruz pero va bien para casi todo tipo de bordado, es perfecto para tejidos finos.

Su hebra está compuesta por seis hilos que se pueden separar y utilizar solos, en grupos de dos, tres o más en función del tejido y de la puntada. Utilízalos como si fueran diferentes tipos de rotuladores, para bordar líneas más o menos gruesas. Para dividirlo, corta primero un trozo de hebra de unos 46cm y escoge el número de hilos que vayas a utilizar, estíralos suavemente separándolos del resto verticalmente. Con la otra mano, ve bajando poco a poco los otros hilos de hilos evitando que se forme un nudo (como si quitases la piel a los "calçots"). El Mouliné suele ser de algodón y viene en madejas de colores sólidos o degradados. Hay sintéticos con colores perlados o metalizados, son muy llamativos, pero es preferible utilizarlos sólo en detalles o combinados en hebras con otros hilos porque se enredan mucho al bordar. También los hay con brillo y tacto de seda, los rellenos trabajados con este hilo quedan súper bonitos y muy suaves.

Hilo perlé: Es un hilo de algodón, con un poco de brillo y está torsionado de manera que parece un cordoncillo. Viene numerado esegún el grosor, cuanto mayor es la numeración más fino es el hilo. Lo utilizo mucho en puntadas con volumen.

Hilo Cotton Retors: Es un hilo de algodón grueso y mate. Se utiliza para tapicería, sobre tejidos gruesos y cañamazo. Cuando bordes con este hilo la hebra deberá ser más corta que con otro tipo de hilos porque se desgasta con facilidad. Me encanta como queda sobre prendas de vestir y punto.

Hilo Coton à Broder Special: Es el más parecido al que se utilizaba antiguamente para bordar. Viene en madejas parecidas al Mouliné, pero es un poco más grueso que uno de sus hilos. Es muy cómodo de trabajar porque no se enreda y es muy suave al tacto, queda muy bien en monogramas y rellenos realizados en punto de satén.

Lanas: Las lanas que utilizo en este libro son lanas Colbert. Es una lana virgen de cuatro cabos para tapicería sobre cañamazo. Lo bueno de esta lana es que al ser para bordar la encuentras siempre en una amplia gama de colores de un mismo grosor. La utilizo para decorar puntos o bordar sobre jerséis. Puedes utilizar cualquier lana que tengas por casa para combinar distintos grosores y texturas.

Aguja

Las agujas de bordado suelen ser más cortas y tienen un ojo más grande que las de costura, por lo que son más fáciles de enhebrar.

Hay una gran variedad de agujas según su punta, grosor, longitud y tamaño de ojo. La aguja ayuda a pasar el hilo a través de la tela, así que debes escoger siempre una aguja del mismo grosor o un pelín más gruesa, que el hilo y acorde con la trama del tejido.

Va bien tener siempre a mano algunas agujas para tapicería o para chenilla y también para lanas, así como las cajitas que venden de agujas de costura variadas.

Las agujas de tapicería del número 22 las utilizo mucho con hilos perlé y con el hilo Mouliné bordando con la hebra completa. Tengo algunas agujas laneras del número 20, 18 o 14 que utilizo con coton retors y lanas. Cuando quiero bordar con hilos finos o añadir cuentas utilizo las agujas más finitas para punto de cruz, o de costura, incluso algunas para patchwork que son finas y muy cortas.

Bastidor

Son dos aros que se encajan el uno en el otro y tensan la tela. Ayuda a ver con más claridad cómo va quedando el bordado, el tamaño de los puntos y su tensión. Va genial bordando puntos de relleno.

Lo utilizo poco porque hace el bordado mucho más lento, pero debo reconocer que con él, se consigue un bordado más uniforme y pulcro.

Hay de muchos tipos con y sin pie, de plástico o de madera... Los de madera pueden rasgar tejidos delicados si no se lijan, también se suelen forrar con cintas y tiras de tela para que no ensucien ni dejen marcas. Desmóntalo cada vez que guardes la labor para no marcar la tela.

Utiliza uno grande que enmarque el bordado, o uno pequeño que tendrás que ir moviendo a medida que vayas avanzando.

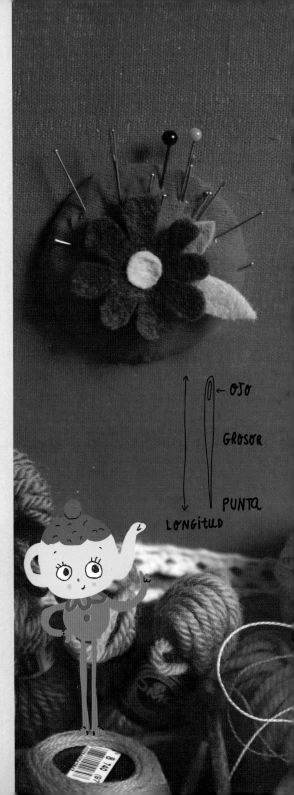

← OJO

GROSOR

PUNTA

LONGITUD

Cómo montar la tela en el bastidor: Coloca el aro interior sobre una mesa, extiende la tela centrada sobre él. Coloca y encaja sobre ambos el aro exterior con el tornillo ligeramente aflojado, Este aro tiene que estar suficientemente ajustado como para tensar la tela al encajarlo. Si el bastidor no tiene tornillo, enrolla cintas de tela para añadir grosor a los aros.

Tijeras

Necesitarás de varios tamaños. Grandes para cortar la tela y pequeñas con la punta alargada y fina para bordar. Nunca las utilices para cortar otros materiales que no sean textiles, porque en ese caso ya no volverán a cortar igual.

Dedal

Se coloca en el dedo corazón de la mano con la que coses y protege el dedo al empujar la aguja a través de la tela. Hay de metal, de plástico, de silicona... yo tengo varios tamaños porque según la época del año los dedos se hinchan. Siempre los uso bordando mis muñecas y con tejidos gruesos.

Alfileres y alfiletero

Ten siempre alfileres de costura para coser a máquina, o de punta de plástico redondeada para confeccionar las piezas y calcar los diseños.

Algunos alfileteros, además de guardar alfileres y agujas, los limpian. Son los típicos tomates con un pimientito colgando, éste suele contener esmeril, un material abrasivo que limpia tus agujas al atravesarlo.

Cartoncillos o Bobinas de hilo

Te ayudarán a mantener los hilos ordenados y siempre a mano, de lo contrario acabarás teniendo cajas enteras de hilos enredados como yo. Enrolla el hilo de cada nueva madeja que empieces, anotando el color, marca y el número de tintada.

Enhebrador

Utilízalo siempre que tengas problemas para enhebrar la aguja. El ojo de la aguja ha de ser mucho más ancho que el grosor del hilo doblado, o se romperá.

Cinta métrica

La necesitarás para medir las telas.

Entretelas

Son telas estabilizadoras que se utilizan para facilitar el bordado en telas elásticas o muy finas, las refuerzan y evitan que den de sí. Se aplican por detrás de la tela.

Telas solubles y para deshilachar

Sirven para el bordado de puntos contados sobre tejidos que no tienen una trama bien abierta, como camisetas y géneros de punto. Se colocan sobre el tejido y se bordan ambas telas juntas siguiendo su cuadrícula. Una vez acabado, se eliminan disolviéndose en agua, o se deshilachan sacando los hilos con ayuda de unas pinzas. Consulta su uso en mercerías.

CÓMO TRANSFERIR LOS DISEÑOS

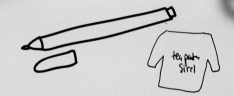

Prepara la tela lavándola para encogerla si va a ser un bordado sobre una prenda de ropa, o un estuche... planchala y deja siempre un buen margen de tela alrededor de la pieza. Márcate el centro de la tela plegando la tela por su mitad vertical y horizontal para ubicar el diseño antes de pasar lo a la tela.
Los patrones de este libro vienen en hojas sueltas que podrás calcar, ampliar o reducir de tamaño fácilmente. Hay varias técnicas y trucos para transferir un diseño a la tela.

Bordado libre:

1. Dibuja tu propio diseño directamente sobre la tela con **lápices y rotuladores especiales para tejidos.**
Para dibujar sobre telas claras y de trama fina encontrarás diferentes tipos de lápices y tizas, así como rotuladores que desaparecen con el calor, con agua o solos con el paso del tiempo. Los que solubles en agua son mis preferidos, son de color azul y basta con vaporizar un poco de agua sobre la tela. Últimamente utilizo también los rotuladores infantiles que no manchan: "super washable", vienen en packs de varios colores y son bastante más económicos que los otros. Los encontrarás en cualquier papelería.
Prueba también con los clásicos bolígrafos o punta fina para papel que se borraban con goma, estos van muy bien porque desaparecen con el calor cuando los planchas. No olvides siempre hacer unas pruebas previas en un trocito de tu tela.
Para dibujar sobre telas gruesas y géneros de punto, yo utilizo tizas de pizarra.

2. Si quieres pasar un diseño del papel a la tela, hay métodos diferentes según las características de la tela.

A. Calcando el diseño.
Sobre telas finas de colores claros: Comprueba que el diseño se transparenta a través de la tela colocándola encima del gráfico. Fija la tela centrada sobre el diseño y repasa el dibujo directamente sobre la tela con un rotulador o lápiz para tejidos. Si el diseño no se ve muy bien a través de la tela, puedes improvisar una mesa de luz utilizando un cristal con una lámpara debajo, o apoyar el dibujo y la tela sobre el cristal de tu ventana para calcar aprovechando la luz del sol.
Sobre telas gruesas o de colores oscuros: Utiliza **papel de calco para tejidos**. Hay de varios colores para utilizar sobre telas claras u oscuras. Funciona igual que papel carbón tradicional para papel.
Coloca el papel de calco entre la tela y el dibujo, fíjalo todo con alfileres y repasa el dibujo presionando bien con algún lápiz o bolígrafo.
También encontrarás unos **rotuladores transfer** que se aplican con ayuda de la plancha. Se dibuja o calca el dibujo previamente invertido sobre un papel, luego se coloca el papel con la cara dibujada sobre la tela y se plancha (sin vapor) para transferir el diseño.

B. Bordando sobre el diseño en papel.
Éste es un truco muy bueno que me explicaron un día en clase. Sería el último recurso, perfecto para tejidos o puntos que no hay manera de marcar. Dibuja o calca el diseño sobre **papel de seda** y arrúgalo con la mano. Extiéndelo después sobre la tela alisándolo con las manos. Fíjalo o cóselo con un hilván a la tela y borda directamente sobre el papel y la tela. Borda sólo las líneas y retíralo de la tela rompiéndolo con cuidado. No realices ningún tipo de bordado de relleno hasta retirarlo completamente. Una vez tienes las líneas que marcan el bordado puedes rellenar o bordar los detalles.
He probado este método sin arrugar el papel y no funciona porque se rasga fácilmente al bordar sobre él.

En el bordado de hilos contados:
En los diseños de punto de cruz o de tapicería, se utilizan **gráficos dibujados sobre cuadrículas** que representan el tejido de la tela. *Los gráficos de los diseños de punto de cruz y de tapicería que he utilizado en el libro los encontrarás siempre incluidos entre páginas con las explicaciones del proyecto, ya que no necesitan ampliarse y se entienden mejor impresos en color.*

En los gráficos de cuadros cada cuadrito de color representa una cruz o puntada. En los gráficos lineales las líneas de color representan los puntos, éstos aparecen dibujados sobre las intersecciones de la cuadrícula base para mostrar la dirección y la longitud de la puntada.

En ambos casos deberás contar los hilos o agujeritos del tejido de la tela para ubicar y dibujar el gráfico. Cada cuadradito de la rejilla del gráfico corresponderá a un agujero o cuadro de la tela.
Marca los centros horizontal y vertical de la tela con un rotulador o un hilván, y si es necesario haz también marcas cada 10 hilos para ubicar más rápidamente el gráfico. Una vez marcados los centros empieza a contar cuadros desde el centro hacia los extremos.

¡EMPEZANDO A BORDAR!

Una vez tengas todo preparado. Escoge una zona de trabajo bien iluminada, preferiblemente con luz natural y un asiento bien cómodo, con el respaldo alto. Si quieres evitar dolores de cervicales y cuello, cuando bordes debes acercarte la labor a una altura en la que estés cómoda para no encorvar la espalda.
Preparación de los hilos: Utiliza hebras de unos 46cm de largo. Te será más fácil bordar y no se te enredará ni se desgastará tan pronto.
Enhebrar la aguja: Dobla el cabo del hilo, ténsalo con la aguja e introdúcelo por el ojo. Prueba también humedeciendo y aplastando el cabo del hilo con los dedos, cortando el hilo en bisel o utilizando el enhebrador.

La posición de las manos para bordar sin bastidor es la misma que en costura con una mano aguantas y tensas la labor, sujetándola con el dedo pulgar y con la otra mano diriges la aguja. Se borda más rápido que con el bastidor, ya que la aguja se pincha y sale de nuevo en un mismo movimiento, preparando la siguiente puntada.

Bordando sin bastidor

Utilizando el bastidor

Cuando utilices el bastidor borda cada puntada con dos movimientos usando la aguja en vertical, pinchando la tela de arriba abajo y luego de abajo arriba. Pasando la aguja a la otra cara del bordado y sacándola luego de nuevo.

Enhebrando la aguja

Cómo empezar el bordado
Existen métodos alternativos al nudo para empezar y terminar la labor. Consulta el primer proyecto de ejemplo, para ver fotos con más detalles:
Cabo suelto: Es el método que más utilizo. Deja unos centímetros de hilo suelto por detrás de la tela y empieza las puntadas bordando sobre este cabo suelto.
Pequeña puntada: Realiza una pequeña puntada dejando el hilo suelto por detrás de la tela, saca la aguja pinchando en medio de la puntada y continúa el bordado. Fotos páginas 29 y 38.
Hebra doblada: Enhebra la aguja con una hebra larga doblada por la mitad. Deja colgando el bucle y haz una puntada en la tela. Estira y pasa la aguja a través del bucle de la hebra doblada. Fotos y detalles página 28.

Nudo temporal: Haz un nudo en el extremo del hilo, marca el punto donde vayas a empezar el bordado y desde la parte del derecho de la labor, pincha la aguja a unos 5 cm de la marca de manera que el nudo quede en la cara del bordado. Saca la aguja por la marca que hiciste, trabaja el bordado y una vez acabado corta el nudo. Enhebra la aguja por detrás de la tela con la hebra del nudo cortado y pasa la aguja por debajo de los puntos realizados. Fotos y detalles página 31.

Cómo rematar

Al final del bordado, o cuando se te acabe el hilo, pincha la aguja para llevarla al revés de la tela y pásala pinchando por debajo de las puntadas. Fotos y detalles página 27 y 28.

Cambiando el hilo

Cuando empieces con una nueva hebra, o para cambiar de color. Trabajando por el revés de la tela, pasa un par de centímetros de la nueva hebra por debajo de los puntos ya realizados, saca la aguja por el derecho y continúa la labor. Fotos y detalles página 27.

Mantén **el revés del bordado** limpio sin hilos colgando, pasa siempre la aguja por debajo de las puntadas realizadas para evitar hilos cruzando la tela. Fotos páginas 32 y 58.

Cómo rematar por detrás de la labor para terminar las puntadas

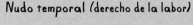

Nudo temporal (derecho de la labor)

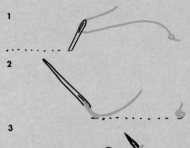

1
2
3

Con nudos quedan bultos feos, sobre todo si vas a enmarcar el bordado, pero utilízalos si se trata de una tela gruesa y no te molestan.

Si el hilo se lía mientras bordas, se deslía solo dejando colgar la aguja.

¡Truquito para zurdos!

Bordar es también muy sencillo si eres zurda. El problema es que todos los gráficos y fotos con los pasos detallados estarán al revés para ti. Así que coloca un espejo para verlos reflejados tal y como tú los tendrías que bordar.

Si te preguntas **dónde aplicar tus bordados o cómo utilizarlos...** No le des más vueltas porque todo es bordable y al bordarlo siempre llevará tu toque personal. Haz bordados sobre retales de tela para forrar botones, o broches, borda sobre una bolsa tote o una blusa para decorarlas, cuelga tu bordado de un bastidor para que luzca en todo su esplendor. Seguro que se te ocurre algo más navegando por internet. También puedes practicar algunos puntos y bordar sobre telas o pañuelos estampados. Es un ejercicio perfecto para principiantes. ¡Verás que bonito!

LAVADO Y CUIDADOS

Para que el bordado no se estropee y dure más tiempo, lávalo a mano o a máquina con un programa de ropa delicada en agua fría y con poco centrifugado. Sécalo a la sombra, luego pulveriza el tejido con agua y plancha a baja temperatura colocándolo del revés sobre una toalla de rizo y cubierto por una tela fina humedecida. Cuando planches presiona ligeramente y levanta de nuevo la plancha, no la deslices sobre la tela. Sigue estos consejos y tus bordados estarán siempre preciosos.

Prepara con mucho mimo tu mañana o tarde de bordado:

Sal a bordar al balcón aprovechando los últimos rayos de sol de la tarde, pasa una mañana soleada de domingo bajo un árbol, o junto al mar disfrutando de la luz y el entorno. Organiza un *pícnic* con tus amigas en el parque... o quédate en el sofá una tarde lluviosa de invierno, bajo una mantita y junto a una buena taza de té o de chocolate caliente, bordando mientras ves tus series favoritas.

PROYECTOS

¿Lista para empezar?

PROYECTO DE EJEMPLO

DOLI TETERITA

Nivel de dificultad

1

NECESITARÁS

materiales bordado

plantilla 1, página 133
tela de algodón
bastidor
aguja fina de bordado

hilo mouliné DMC

▲ *310 negro*
▲ *666 rojo*
▲ *957 rosa*
▲ *519 azul*
▲ *433 marrón*
▲ *437 beige*

materiales cojín

plantilla 1, página 133
tela de algodón
hilo perlé
guata

A esta teterita le tengo mucho cariño la he utilizado en tantos talleres...

Por eso he querido que encabece los proyectos de este libro. ¿Qué te parece si la bordamos juntas?

Verás con detalle todas las cosas que siempre generan dudas: los diferentes métodos para empezar los bordados, cómo rematar, cómo cambiar de hilo, cómo saltar de un sitio a otro... Aunque se trata de un bordado sencillo puede que te encuentres con un exceso de información. Si es así, míratelo por encima y vuelve a él a medida que vayas avanzando los otros proyectos.

Este bordado lo he empezado realizando las zonas rellenas de puntos, luego los detalles de la cara, todas líneas de la silueta y por último los adornos de flores y bolitas del gorro. Prepara la tela plánchala y colócala sobre la plantilla del bordado. Calca el dibujo con un rotulador soluble y corta la tela dejando un mínimo de 2,5cm de margen. Monta la tela en el bastidor.

Puntos de relleno.

Pupilas: Puedes empezar el bordado realizando el relleno de las pupilas utilizando un sólo hilo y con puntadas en diagonal de diferentes largos. Bórdalas bastante juntas, con diferentes longitudes de puntadas y encajándolas entre sí para crear una superficie irregular. No importa si se ve la tela entre las puntadas, producirá un efecto de brillo.
Bolita tapa: Bórdala con una hebra doble y con punto de satén si quieres una superficie totalmente rellena, más lisa y ordenada. Dibuja líneas verticales paralelas en el interior del círculo para marcar la dirección de las puntadas. Empieza el bordado con una pequeña puntada en el interior del círculo (página 29), quedará tapada al pasar las puntadas rectas por encima o con un nudo temporal (página 31). Completa el círculo siguiendo las indicaciones de la foto de la derecha.

PASO 1. BORDADO

puntos empleados
2 punto de pespunte
12 punto recto
21 punto de satén
22 punto largo y corto
10 punto mosca
8 punto de margarita
23 punto de nudo francés

/ gráficos puntos páginas 128 y 129

prepara hilos y tela

calca el dibujo

Cómo bordar diferentes rellenos

⋏ ***Relleno de la pupila con puntadas rectas***, *escoge la dirección de las puntadas y rellena el espacio. Se parece al punto de relleno largo y corto pero más desordenado.*

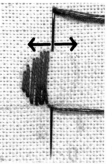

< ***Punto de satén:*** *Rellena el círculo realizando puntadas rectas paralelas y muy juntas. Empieza desde el centro la mitad y dirígete a uno de los extremos, luego vuelve al centro y completa la forma en sentido opuesto.*
No te preocupes si no queda un contorno regular, luego lo perfilarás con un pespunte. Si lo quieres más definido, añádele el pespunte de realce como en la pajarita.

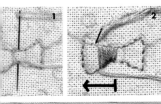
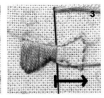

< Punto de satén con realce

Pajarita: Realízala en dos pasos utilizando una doble hebra. Primero borda la silueta con un pespunte que aportará volumen, marcará las longitudes de las puntadas y perfilará el relleno que irá bordado luego en punto de satén.

   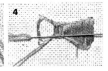

^ Cuando se te termina la hebra...

Remata: (Fotos 1 y 2) Por el revés de la tela, pasa la aguja un par de veces por debajo de las puntadas realizadas y atravesando los hilos. Corta el hilo sobrante. **Añade una hebra nueva:** (Fotos 3 y 4) Pasa la aguja por debajo de las puntadas realizadas como al rematar, dejando una colita de hebra suelta. Una vez fijada la hebra, pincha sacando la aguja de nuevo por el lado derecho de la tela para seguir el bordado.

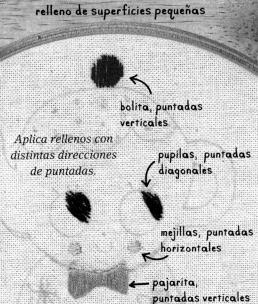

rellenо de superficies pequeñas

Aplica rellenos con distintas direcciones de puntadas.

bolita, puntadas verticales

pupilas, puntadas diagonales

mejillas, puntadas horizontales

← pajarita, puntadas verticales

Mejillas: Las mejillas están realizadas con puntadas rectas horizontales utilizando un solo hilo (foto izquierda).

Zapatitos: Bórdalos como la bolita con una doble hebra de hilo rojo y en punto de satén.

Pantaloncito: Las superficies grandes las trabajarás mejor con el punto largo y corto. En este punto se realizan varias filas de puntadas irregulares que encajan entre sí, creando una superficie muy tupida. Si lo bordases en punto de satén quedarían puntadas demasiado largas.

< Puntos largos y cortos. En la primera fila (foto 1) se alterna un punto largo con otro más corto marcando la línea dentada que construye el relleno. El resto de líneas (foto 2) se sigue sólo con las puntadas largas. Completa la superficie rellenando en la última fila los huecos con puntadas más cortas (foto 3).

Dibújate líneas horizontales con las longitudes de las puntadas.

relleno de una superficie grande

zapatitos, puntadas verticales

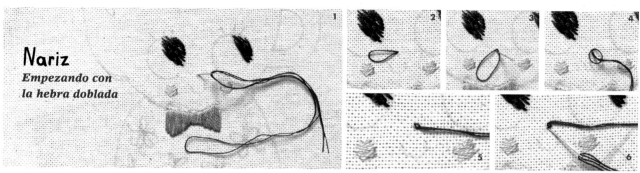

Cómo empezar y rematar una puntada suelta pequeñita.

Empezando con el método de la hebra doblada

Este método es muy cómodo y sirve para empezar puntadas con hebras de hilos pares, utiliza dos, tres o cuatro hilos doblados para obtener hebras de cuatro, seis u ocho hilos. Sigue los detalles de las fotos que aparecen arriba.

Enhebra la aguja con un hilo de unos 90 cm, dóblala por la mitad, juntando los dos cabos y enhebra la aguja con ellos dejando el bucle colgando al final de la hebra (foto 1).

Puedes pinchar la aguja por delante o por detrás de la tela, desde donde más te convenga. Estira la hebra sin que pase del todo, dejando que el bucle asome por encima de la tela (foto 2). Saca de nuevo la aguja lo más cerca posible del bucle (pero no en el mismo agujerito) y pásala aguja a través del bucle (foto 3). Ya tienes la hebra fijada a la tela sin utilizar ningún nudo. Ahora ya puedes empezar a bordar tapando esta pequeña puntada (foto 4). En este caso, como la nariz es tan minúscula, no necesitará más puntadas, así que pasa la aguja al revés de la tela para rematar (foto 5).

Rematando pequeñas puntadas

Encontrarás diferentes métodos para rematar bien los bordados, en casos como este donde no hay muchas puntadas por las que pasar el hilo puedes hacer una especie de nudo pasando un par de veces la aguja a través de los bucles que se forman en cada nueva pasada. Sigue los detalles de las fotos de la derecha. Te quedará una puntada muy pequeña, limpia y bien fijada.

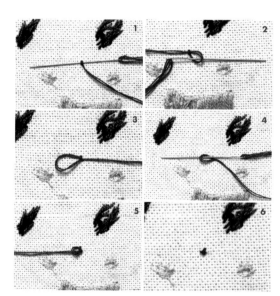

^ *Rematando las puntadas con bucles: 1. Pasa la aguja al revés de la tela y pincha atravesando la puntada de la nariz y dejando un pequeño bucle, sin pasar del todo la hebra. 2. Pasa la aguja por el bucle. 3. Estira de la hebra, no de la aguja, para cerrar primero el bucle. Tira ahora un poco de la aguja dejando un nuevo bucle. 4. Repite el proceso pasando la aguja a través del bucle y estirando de la hebra para cerrarlo, una vez apretado ya puedes estirar bien de la aguja y el hilo para dejarlo ajustado. Corta el hilo sobrante.*

Bocaaa...

Boca, empezando con una pequeña puntada

Para empezar a bordar la boca puedes probar otro método que te irá muy bien para rellenos, o el bordado de líneas como el punto de pespunte o de tallo. Consiste en realizar una **pequeña puntada** que servirá para fijar la hebra y quedará luego disimulada bajo el bordado. Asegúrate de realizarla en la zona o la línea que vayas a bordar, en este caso la he realizado en el centro de la boca. Consulta también la página 38.

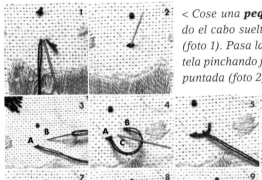

< Cose una **pequeña puntada** dejando el cabo suelto por detrás de la tela (foto 1). Pasa la aguja al derecho de la tela pinchando justo por en medio de la puntada (foto 2).

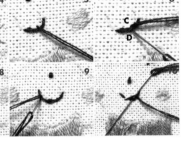

^ **Punto mosca** (Fotos de la 3 a la 10): Saca la aguja por el punto A, pínchala de nuevo en B sin estirar del todo el hilo. Saca la aguja por encima de la hebra en C y pínchala en D por debajo de la hebra para sujetarla. Remata por debajo de las puntadas realizadas.

La curva de la boca la he bordado con dos **puntos mosca** seguidos. El punto mosca es perfecto para realizar todo tipo de curvas, divídela para bordarla mejor. Empieza la boca a partir de la puntadita y con la aguja en el centro de la curva, realiza el primer punto mosca siguiendo las fotos. Saca la aguja por el otro extremo de la curva y borda el otro punto mosca. Pasa la aguja al revés de la tela y remata las puntadas (foto 10).

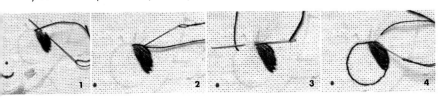

¡líneas curvas de ojos y boca, en puntos mosca!

Ojos

Perfila los ojos utilizando varios **puntos mosca seguidos** y utilizando un solo hilo. Una vez hecho el contorno **realiza las pestañas con puntos rectos.**

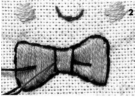

Empieza a bordar la silueta con pespunte

Una vez has acabado los rellenos y los detalles de la cara, empieza perfilar la figura con punto de pespunte utilizando hebras de dos hilos de Mouliné negro.

Detalles y perfil de la pajarita

Puedes empezar por la pajarita y realizar los **detalles del nudo con puntos rectos**, como muestran las fotos de arriba. Sigue luego alrededor de la cabeza y el resto del cuerpo.

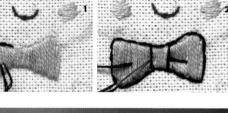

Cuando trabajes las líneas de pespunte puedes probar también sin bastidor.

^ *Perfila en punto de pespunte y acaba la pajarita con varios puntos rectos sobre el relleno de satén.*

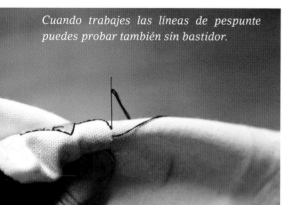

^ *Pasa la aguja de un lado a otro del bordado por debajo del revés de las puntadas.*

Si el hilo es demasiado corto y no puedes enhebrar la aguja al rematar... Pasa primero la aguja y luego enhébrala ahí mismo, acaba la puntada para rematar y corta el hilo.

He dejado la parte de los pantaloncitos sin perfilar porque me gusta más la silueta irregular que queda con el punto de relleno, pero prueba un trocito añadiendo el pespunte por si te gusta más.

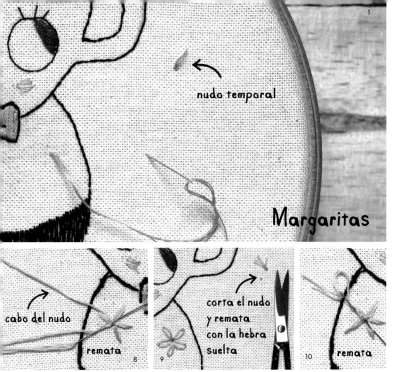

nudo temporal

Margaritas

cabo del nudo

remata 8

corta el nudo y remata con la hebra suelta 9

remata 10

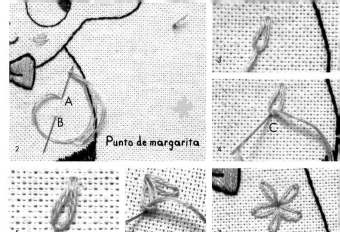

Punto de margarita

A
B 2

C 4

3

5

6

7

^ **Punto de margarita**, *en este punto cada pétalo es una cadeneta suelta. Dibújate una margarita-trébol de tantos pétalos como prefieras. Para hacer el primer pétalo, saca la aguja por el centro, (punto A) y pínchala otra vez en el mismo sitio, estira un poco la hebra dejando un bucle. Saca la aguja en el punto B y pincha en C, fuera del bucle para dejarlo fijado. Repite hasta completar la flor.*

Empezando las margaritas con un nudo temporal.

Las flores están realizadas en puntos de margarita con hebras de tres hilos. Las he empezado con un **nudo temporal,** va muy bien cuando no hay nada bordado donde fijar la nueva hebra y en puntos sueltos o aislados como estas margaritas.

Enhebra la aguja y haz un nudo en el extremo de la hebra. Pincha la aguja desde el borde derecho del bordado y sácala de nuevo por donde vayas a empezar la margarita, quedando el nudo a la vista (foto 1). Borda la margarita siguiendo las instrucciones en azul (fotos 2 a 7) y una vez acabadas, remata por revés del bordado (foto 8). Ahora corta el nudo por el derecho de la tela, gira de nuevo la labor y verás que quedará la hebra del nudo suelta (foto 9). Enhebra la aguja con ese trocito de hebra y remátalo para acabar la margarita y empezar la siguiente con un nuevo nudo temporal (foto 10).

Bolitas en nudo francés: cómo empezar y rematar.

Utiliza también una hebra de tres hilos para bordar las bolitas de la tapa. No las bordes seguidas, para evitar hilos cruzando la tela remata cada una de ellas. Empiezas con un con nudo temporal (foto A). Sigue las instrucciones para realizar el **nudo francés** (fotos 1 a 4) y una vez acabado corta el nudo temporal del principio. Gira la labor, **ata ambos cabos de hilo** (foto B) y corta el hilo sobrante.

Bolitas

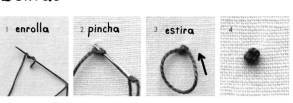

1 enrolla
2 pincha
3 estira
4

^ **Punto de nudo francés**: *Saca la aguja por el derecho de la tela y con la otra mano enrolla un par de vueltas de hebra, no sueltes la hebra. Pincha la aguja muy cerquita y recógela por detrás de la tela, manteniendo con la otra mano la hebra enrollada. Estira de la aguja y remata.*

A nudo temporal

bolitas en nudo francés

B revés tela

ata ambos cabos

¡Ya está acabado el bordado!

Con los puntos de nudo del gorrito ya tendrás completado el bordado.

Asegúrate de que la parte del revés esté tan bonita como el derecho de la labor. Sin cabos sueltos, sin hilos cruzando a través del bordado...

Ahora ya puedes eliminar los restos de rotulador mojando la tela con un pulverizador o una toalla húmeda. Plánchala boca abajo con una toalla de rizo para evitar que los puntos de nudo queden chafados.

revés del bordado

PASO 2. CONFECCIÓN

Puedes dejar el bordado en el bastidor y colgarlo de la pared para decorar algún rincón bonito, también puedes hacer este cojín pequeñito siguiendo la silueta de la muñequita.

Combina una tela diferente para la parte de atrás de la muñeca. Yo he escogido una loneta de algodón de color beige pero las telas estampadas quedan también súper bonitas. Coloca ambas telas centradas con las caras enfrentadas y fíjalas con alfileres.

Enhebra la aguja con hilo perlé y realiza un pespunte o una bastilla pequeñita siguiendo el contorno de la pieza y dejando un trozo sin coser. Corta la tela dejando un margen de 1 o 1,5 cm alrededor y gira la pieza del derecho por la abertura. Rellena de guata y realiza unas puntadas para cerrar la abertura.

¡Ya tienes tu muñeca-cojín bordada! Regálasela a alguien especial, o colócala en una estantería para que te alegre el día. Espero que la disfrutes tanto como yo.

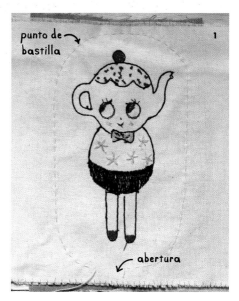

punto de bastilla

abertura

vuelve del derecho y rellena de guata

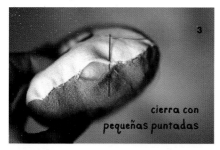

cierra con pequeñas puntadas

¿Sabías que...? El té lo trajeron a Europa os portugueses a finales del siglo XV y los primeros en adoptarlo fueron los holandeses, y años más tarde los ingleses. El té de las cinco lo popularizó la Duquesa de Bedford como refrigerio a media tarde para reponer fuerzas hasta la cena.

Utiliza la máquina de coser si lo prefieres, aunque con esta bastilla realizada con hilo perlé, en mi caso, ha sido suficiente.

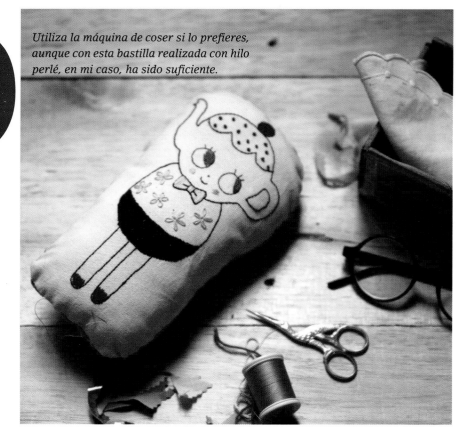

COLECCIÓN DE MOTIVOS Y MANTELITO

Nivel de dificultad

— **3** —

NECESITARÁS

materiales bordado
plantilla 2, páginas 134 y 135
tela de algodón
bastidor
aguja fina de bordado

material mantelito
tela de lino natural

hilo mouliné DMC

▲ *310 negro*
▲ *3826 marrón dorado*
▲ *300 marrón*
▲ *3064 salmón claro*
▲ *938 marrón oscuro*
▲ *608 naranja*
▲ *600 cereza*
▲ *3850 esmeralda*
▲ *729 tostado claro*
▲ *606 rojo anaranjado*
▲ *728 amarillo topacio*
▲ *733 verde oliva*
▲ *703 verde claro*

▲ *437 crema*
▲ *967 rosa claro*
▲ *956 rosa*
▲ *3846 azul turquesa*
▲ *210 lavanda*
▲ *913 verde agua*
△ *blanco*
▲ *666 rojo*
▲ *581 verde musgo*
▲ *519 azul cielo*
▲ *444 amarillo*
▲ *517 azul*

En esta colección de motivos se han colado algunos animalillos jugando entre la vajilla, ¡parece que les gusta el té tanto como a mí!

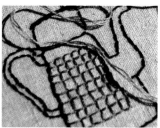

Estos dibujos bordados quedarán muy bonitos decorando fundas, estuches, totes, paños de cocina, mantelerías, pañuelos... incluso colgados en la pared enmarcados en un bastidor de madera. ¡Borda uno de ellos sólo o combínalos como más te guste!

PASO 1. BORDADO

Prepara una bonita tela de algodón natural o cualquier prenda que quieras bordar siguiendo las pautas de la página 13. Una vez planchado, toma medidas y corta si es necesario dejando siempre el margen de un mínimo de 2,5 cm.
Escoge el motivo o los motivos que quieras bordar y transfiérelo a la tela. Coloca la tela en un bastidor y utiliza el método que prefieras para empezar la labor, prueba con el nudo temporal o realiza una pequeña puntada tal y como se muestra en las siguientes páginas. En este proyecto he improvisado un mantelito, pero seguro que se te ocurre otro lugar donde aplicarlos.

Realiza los puntos de relleno primero y luego decora con línea en pespunte o topitos por encima del relleno >

puntos empleados
2 pespunte
12 punto recto
23 nudo francés
10 punto mosca
3 cadeneta
21 punto de satén
9 festón
7 punto de tallo
20 punto de cruz

/ gráficos puntos páginas
128 y 129

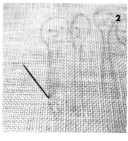
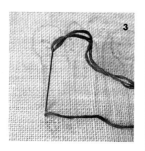
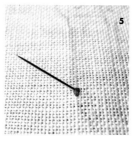
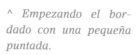

^ Empezando el bordado con una pequeña puntada.

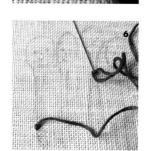
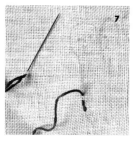

^ He escogido uno de los motivos para bordarlo en color frambuesa (Mouliné 3607) sobre un lino natural a rayas que convertiré en mantelito. Prueba también bordando cada cucharita de un color diferente

Hacer mantelitos de lino es muy sencillo, corta la pieza y quita algunos hilos del borde del tejido para hacerle flecos. No hacen falta ni costuras ni dobladillos, pero puedes añadir un festón alrededor para evitar que de siga deshilachando.

El lino almidonado lo puedes bordar sin bastidor, así que mide lo que necesites para cada individual y calca el dibujo en la tela (foto 1). Empieza el bordado con una pequeña puntada (fotos 2 a 6) que luego quedará tapada cuando bordes por encima (foto 7). Consulta también la página 29.

En estas cucharillas realiza primero la línea de pespunte, ya que a parte del mango en punto de satén está realizada sobre el pespunte (fotos 9 a 11). Deja los detalles de la carita para el final porque será más fácil ubicar todos los elementos (foto 11). Borda el interior de las caritas pasando el hilo por detrás, sin rematar en cada detalle, por delante de la tela no se apreciarán los hilos que la cruzan (fotos 12 a 15).

Una vez acabada la primera cucharita remata aprovechando el revés de los puntos y empieza a bordar la siguiente (foto de la derecha).

¡Adoro los flecos!

Remata la cucharilla por el revés de la tela pasando la aguja por debajo de los hilos. Hazlo también al cambiar de hebra >

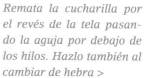
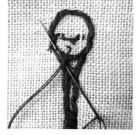

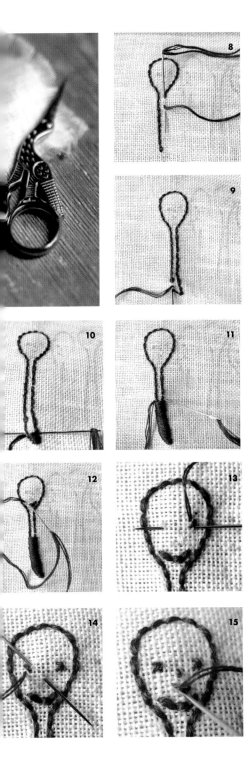

8

9

10

11

12

13

14

15

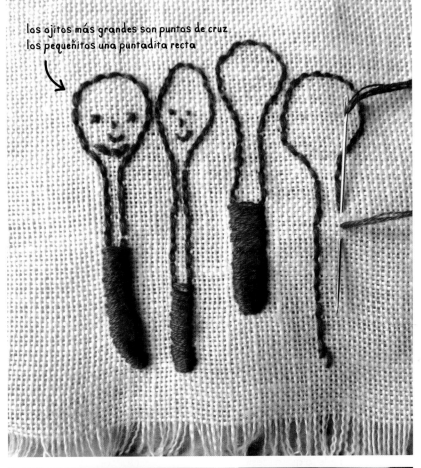

los ojitos más grandes son puntas de cruz
los pequeñitos una puntadita recta

FUNDA ABRIGA TAZAS

Nivel de dificultad

— 1 —

NECESITARÁS

En una taza abrigada, el té se mantendrá caliente más tiempo y podrás calentarte las manos sin quemarte.

materiales bordado
tela de lino
aguja lanera
aguja de tapicería

lana colbert DMC
△ 2144 amarilo
△ 7036 azul
△ 7852 rosa
△ 7783 marrón

hilo perlé DMC
▲ 608 naranja
▲ 760 rosa
▲ 797 azul marino
△ 676 amarillo claro

hilo mouliné DMC
▲ 3812 verde

También en verano con bebidas frías.

para la funda
fieltro
goma elástica
botón

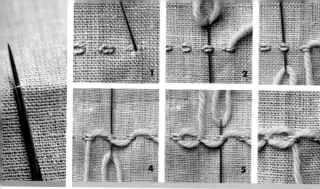

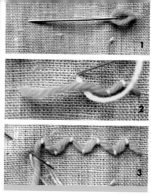

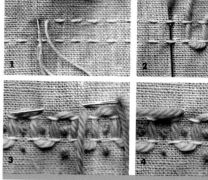

^ *cadeneta suelta entrelazada con bucles*   ^ *sujeción en zigzag*   ^ *bastilla doble adornada*

Este proyecto está inspirado en uno de mis muestrarios, combina hilos de diferentes colores y texturas sobre una tela de lino natural. Está realizado con puntadas muy simples y el resultado son unas cenefas geométricas muy gustosas. El bordado con lanas es muy resultón y divertido, se realiza rápidamente con grandes puntadas, así que es perfecto para empezar a bordar, o para las que han aparcado el bordado por problemas de vista.

Recicla restos de lana de otras labores para bordar tu propio muestrario de puntos. Utilízalo para hacerte una funda calienta-tazas, o un brazalete, una diadema... quedará muy bonito también como funda para decorar tarros o las macetas de casa.

PASO 1. BORDADO

puntos empleados
1 bastilla, 4 cadeneta suelta entrelazada con bucles, 17 sujeción en zigzag, 5 bastilla doble adornada, 11 punto de semilla y 12 punto recto / gráficos puntos páginas 128 y 129.

Prepara la tela para bordar, mide tu taza o el objeto que quieras enfundar para crear el patrón. Deja unos centímetros alrededor de la pieza sin cortar para bordar más cómodamente. Este tipo de bordado sobre lino se suele hacer con hilos contados, pero puedes hacerlo un poco a ojo si lo prefieres. En cualquier caso lo mejor es trazarte como guías en la tela unas líneas horizontales, utiliza un rotulador para dibujarlas, o saca un hilo del tejido estirando con una aguja (foto superior A).

Si no tienes una aguja de punta redondeada, puedes utilizar la parte de atrás de una aguja normal, así también la podrás deslizar fácilmente por debajo de las puntadas >

Cadeneta suelta entrelazada con bucles. Este punto compuesto es un hilera de cadenetas sueltas enlazadas por dos líneas onduladas de lana que se cruzan formando un bucle. Dibuja una línea y sobre ella borda cadenetas sueltas con hilo perlé contando los hilos de la tela, sigue las pautas del punto margarita (página 31) o sustitúyelas por una bastilla (foto 1 rosa). Una vez completada la hilera de cadenetas, enhebra una aguja lanera sin punta, haz un pequeño remate por la parte de atrás de la labor para fijar la hebra y saca la aguja por debajo de la primera cadeneta tal como muestra la foto 1 amarilla. Desliza la aguja hacia abajo y hacia arriba alternativamente, por debajo de las puntadas, creando una línea ondulada sin pinchar la tela ni las cadenetas (foto 2 y 3). Repite hasta el final de la hilera, en la última cadeneta cambia el sentido (foto 4 y 5) pasando la aguja también por debajo de la lana y completa los bucles. Acaba pinchando con la aguja por debajo de la primera puntada de cadeneta (foto 6).

Punto de sujeción en zigzag. En este punto se trabajan la lana y el perlé a la vez. Las puntadas rectas con hilo perlé sujetan la lana y la conducen siguiendo la línea que quieras dibujar.
Márcate dos líneas paralelas como guía y dibuja la línea en zigzag. Enhebra una aguja con lana (foto 1 azul). Utiliza la técnica del nudo temporal de la página 31 y saca la lana por el extremo derecho de una de las líneas.

Deja la lana suelta, ayúdate del pulgar de la mano izquierda para ir moviéndola. Con otra aguja y el hilo perlé realiza puntadas rectas minúsculas para fijar la lana en cada uno de los vértices del zigzag (foto 2 y 3). Cuando termines la línea, enhebra de nuevo la aguja con la lana para rematarla por detrás como en el punto anterior (fotos amarilla). *Utiliza este punto también para dibujar o escribir, queda genial.*

Bastilla doble adornada. Este punto es muy parecido al primero. Realiza dos líneas horizontales en punto de bastilla con hilo perlé (foto 1 rosa). Una vez acabadas, remata por detrás y enhebra otra aguja con lana. Haz un pequeño remate por detrás y saca la aguja por debajo de la primera bastilla (foto 2). Adorna la bastilla creando la línea ondulada, pero esta vez pasando la aguja sin pinchar la tela, por debajo de las dos hileras de bastilla. Añade tres hileras horizontales de diminutos puntos de semilla con una lana de otro color (foto 3 y 4). Coge sólo un par de hilos del tejido en cada puntada y no estires mucho de la lana para que quede una bolita.

PASO 2. CONFECCIÓN

Corta el lino bordado y una pieza de fieltro con la medida de la funda. Cose a uno de los extremos del fieltro un trozo de goma anudadas como muestran las fotos. Fija con alfileres las piezas de lino y fieltro dejando el nudo de la goma escondido entre ambos. Deshilacha los bordes del lino y realiza puntadas rectas para de unir ambos tejidos. Cose también ambas piezas con hileras de punto de bastilla de varios colores en los espacios entre bordados. Prueba la funda y marca dónde coser el botón, una vez cosido... ¡ya está lista para utilizarse!

Prueba la funda, añade el botón y una goma anudada al otro extremo para ajustarla bien a la taza.

BANDEROLA CON MENSAJE

Nivel de dificultad

—— 1 ——

NECESITARÁS

materiales bordado
gráfico página 47
tela para punto de cruz / Lugana de 26 hilos / 25 x 60 cm
aguja fina de bordado
aguja de tapicería.

▲ **hilo mouliné DMC**
310 negro
hilo perlé nº 5 DMC
▲ 992 verde
▲ 3326 rosa

materiales banderola
tela estampada / 25 x 60cm
fieltro de colores
borla con pompones
pegamento textil
varilla de madera
cordoncillo

¿Sabías que...?
El país de origen del té es el viejo valle de Assam, entre la China y la India.

KEEP CALM...

Mantén la calma y prepara té.

Borda una frase que te guste en este sencillo punto de cuadro, una técnica de hilos contados parecida al punto de cruz que resulta muy adictiva porque es muy fácil de bordar. Además puedes utilizar cualquier plantilla de abecedarios en punto de cruz para bordar diferentes tipos de letras.

PASO 1. BORDADO

Prepara la tela con la forma de la banderola siguiendo las pautas de la página 48, la plantilla del bordado está en página siguiente. Marca el centro de la tela y cuenta los hilos de la tela para transferir el diseño, consulta la página 18 sobre el bordado de hilos contados.

^ *Alegra un rincón de tu casa con esta banderola. Es agradable tener en casa alguna frase bonita y memorable, y si es bordada, mucho mejor.*

puntos empleados
18 punto cuadrado
/ gráficos puntos páginas 128 y 129

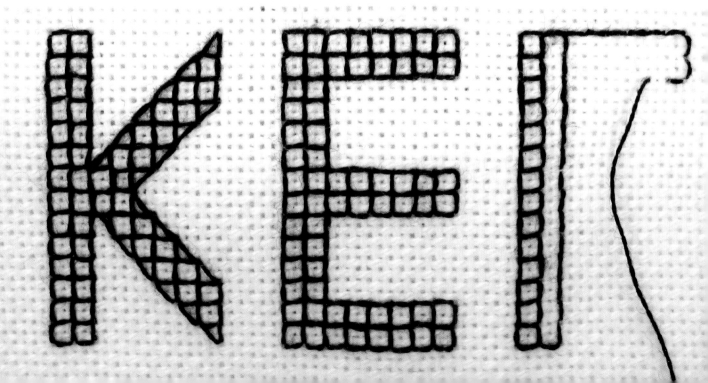

Una vez tienes el diseño marcado en la tela, enhebra una aguja con un sólo hilo negro Mouliné y empieza a bordar desde el centro hacia los extremos del diseño.

Utiliza el punto cuadrado para realizar las letras. Lo puedes bordar siguiendo el gráfico de la página 128, bordando cada punto de cuadro por separado. O como he hecho yo, bordando las líneas en un pespunte regular que se van cruzando formando la cuadrícula (foto izquierda).

Si lo haces según el gráfico, los hilos se cruzarán por debajo de la tela y cada punto cuadrado será un punto de cruz en el revés de la tela. En mi caso, al tratarse de pespuntes los hilos no se cruzarán por detrás y quedará bastante parecido al derecho de la labor.

Te recomiendo que hagas algunas pruebas bordando alguna letra en un trocito de la misma tela antes de empezar. Así podrás decidir fácilmente el número de hilos de la tela que compondrán una puntada y calcularás mejor el tamaño final del bordado para poder centrarlo en la de tela. En mi caso he realizado una puntada cada dos hilos de trama (cada dos agujeritos).

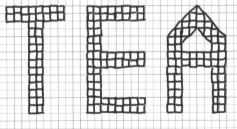

pespunte
bastilla

KEEP
CALM
AND
MAKE
TEA

dobladillo 1cm
pieza de tela
23,8 x 41 cm
banderola final
21,8 x 38cm

PASO 2. CONFECCIÓN

La confección de esta banderola es muy sencilla, pero si lo quieres todavía más fácil, no hagas dobladillo. Puedes cortar directamente la tela y dejarla deshilachada; te sorprenderá lo bien que queda.

Amplía el gráfico de la izquierda para obtener el patrón de la banderola, o dibuja un rectángulo 22 cm de ancho x 41 cm largo, añade un triángulo de 10 cm de altura a la base del rectángulo. Corta dos piezas de tela: una de la tela para el bordado y otra con la tela de la parte de atrás, dejando un margen de 1,5 cm alrededor.

Una vez bordadas las letras, junta las dos telas derecho con derecho. Añade la cinta con pompones entre las dos telas en la parte inferior de la banderola (gráfico inferior). Haz una costura alrededor de la pieza dejando sin coser la parte de arriba. Recorta la parte sobrante, vuelve la banderola del derecho y plancha con el bordado boca abajo. Haz una bastilla con el hilo perlé verde por todo alrededor. Recorta la silueta de las flores del patrón en fieltro de colores. Pégalas a la banderola con pegamento textil.

Haz varios pliegues en la parte superior de la banderola como muestra en el gráfico y cose un pespunte horizontal, que deje abiertos los laterales para poder introducir la varilla de madera. Átale un cordoncillo o una cinta para colgarla.

fija la borla al interior banderola antes de coser

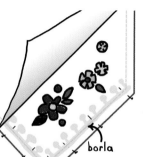

costura

borla

pespunte para cerrar
la pieza.

bastilla

Utiliza una ramita que
hayas encontrado en uno
de tus paseos por el campo
y añádele también
pompones

Combina fieltro,
pompones y cinta de
varios colores, o utiliza
el negro para darle un
toque más sobrio.

FUNDA PARA MÓVIL

Nivel de dificultad

— **1** —

NECESITARÁS

para el bordado
plantilla página 53
tela Aida 14 counts/cuadros
aguja de punta redondeada

hilo mouliné DMC
▲ *3846 azul*
▲ *825 azul*
▲ *904 verde*
▲ *913 verde*
▲ *437 ocre*
▲ *970 naranja*
▲ *957 rosa*
▲ *666 rojo*
▲ *433 marrón*

para la funda
tela para el interior
guata (opcional)
cinta bies

Gráfico del bordado
Cada cuadrado del dibujo representa un punto de cruz.

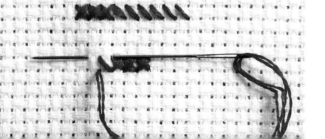

Borda esta jarrita tomando el sol en punto de cruz para decorar tu funda.

Este tipo de fundas se cosen en un momento. Está muy bien para llevar las cosas organizadas y protegidas en el bolso. Te irá genial para el móvil, cámara de fotos, gafas... o como estuche. ¡Es un regalo perfecto!

El patrón lo puedes hacer a partir de las medidas del móvil, la cámara, la tableta... el libro, o que se te ocurra, añadiéndole varios centímetros o más dependiendo del grosor del objeto, a todo por todo el contorno.

PASO 1. BORDADO

puntos empleados
20 punto de cruz
/ gráficos puntos páginas
128 y 129

Antes de empezar a bordar dibuja un rectángulo con las mismas medidas del móvil (o de lo que hayas decidido para la funda) y añádele 1 o 1,5 cm alrededor de la pieza Este añadido dependerá del grosor del aparato.

No la cortes todavía. Si la pieza de tela es demasiado grande, córtala dejando un buen margen para que sea más cómodo bordar. Marca el centro de la zona a bordar y añade líneas centrales contando los cuadros para situar correctamente el diseño del patrón sobre la tela, encontrarás ayuda más detallada en la página 18.

Utiliza dos hebras de hilo Mouliné para que las puntadas queden más tupidas. Como es un número par, te será más cómodo empezar a bordar utilizando el método de la hebra doblada (página 28 y 18).

Empieza por el centro del diseño para no equivocarte contando y borda una cruz por cada cuadro. En este bordado puedes trabajar el punto de cruz de dos maneras diferentes, en las zonas más grandes de un mismo color como la lechera en azul, borda medias cruces y vuelve entonces en sentido contrario haciendo puntadas cruzadas sobre las anteriores y completar las cruces. Para las flores y detalles más pequeños, borda una cruz completa antes de empezar la siguiente.

Ambos métodos aparecen en la foto de la izquierda.

El bordado de muestra mide unos 6 cm de ancho por 10,3 cm de alto sobre una tela de 14 hilos. Si utilizas otra trama de tela diferente las dimensiones del bordado y de los puntos de cruz variarán. Si quieres ampliar el diseño escoge una tela de trama más pequeña.

Es importante que en las cruces, las puntadas que quedan por encima vayan siempre en la misma dirección para que quede un trabajo pulcro, pero como verás en mi bordado cada una va a una dirección diferente... no te preocupes si te pasa también a ti.
A veces es divertido saltarse las normas y ser un poco rebelde ;-)

PASO 2. CONFECCIÓN

Sigue las instrucciones para confeccionar tu funda.

1. Corta dos piezas de forro y guata tomando la medida del móvil o tableta y deja 1,5 cm o más de margen alrededor, según el grosor del aparato.
Haz lo mismo con las dos piezas de tela exterior pero dejando 1,5 cm más, en la parte superior (3,5 cm en lugar de 2 cm)

2. Coloca la pieza de tela bordada bocabajo, con la cara bordada sobre la mesa, añade la guata y después la tela del forro del derecho. Alinea las tres telas de forma que la tela bordada asome por arriba. Sujeta las telas con alfileres y haz un dobladillo de 1 cm por la parte de arriba doblando la tela Aida sobre la tela del forro. Cose el dobladillo con un pespunte. Realiza los mismos pasos con el grupo de la parte de atrás de la funda.

¿has visto qué sencillo?

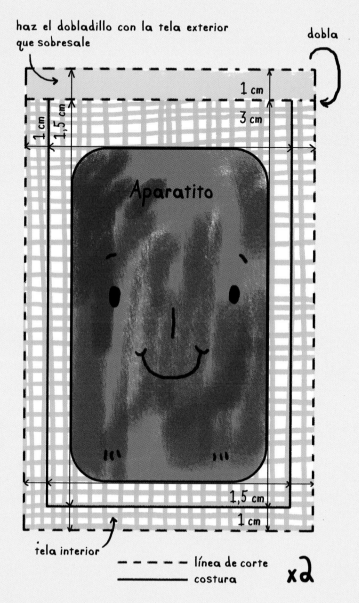

haz el dobladillo con la tela exterior que sobresale

dobla

1 cm

3 cm

1 cm

1,5 cm

Aparatito

1,5 cm

1 cm

tela interior

- - - - línea de corte
——— costura

x2

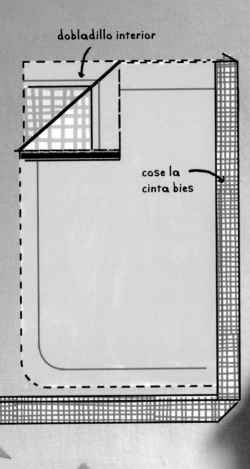

dobladillo interior

cose la
cinta bies

3. Una vez hechos los dobladillos superiores, junta los dos grupos de telas revés con revés y cóselos juntos. Coloca la cinta bies doblada por todo el contorno de la funda, dejando que sobresalga medio centímetro por cada extremo y fíjala bien con alfileres. Dobla la parte sobrante del extremo de la cinta hacia dentro y cose la cinta a la funda con un pespunte.

¿SABÍAS QUE...?
EL TÉ PROCEDE
DEL ARBUSTO
CAMELLIA SINENSIS.

Existen más de tres-cientas variedades de té que se pueden agrupar en cinco grandes grupos según el proceso de recolección, secado, fermentación... té blanco, té verde, té negro, té rojo y té Oolong, o té azul.

55

CAMISETA BORDADA

NECESITARÁS

materiales bordado
plantilla 3, página 136
camiseta
bastidor
aguja fina de bordado

▲ **hilo mouliné DMC**
▲ 310 negro
▲ 666 rojo
▲ 957 rosa

¡decora una camiseta pop!

BORDADO

puntos empleados: 7 punto de tallo, 10 punto mosca, 12 punto recto, 1 bastilla y 23 nudo francés / gráficos puntos páginas 128 y 129.

Cuando bordas sobre una camiseta la conviertes en una prenda muy especial.

Lo pasarás bien y además lucirás una prenda única. Bordar una camiseta no tiene mucha complicación, tan sólo tendrás que estar más atenta a la tensión que dás los puntos. Puedes utilizar cualquier camiseta básica, las ideales son las menos elásticas porque son más fáciles de bordar.

En algunos casos se utilizan fliselinas, unas **entretelas adhesivas**, que se pegan por detrás de la tela antes de empezar a bordar y facilitan el bordado sobre este tipo de tejidos. También se utilizan sobre punto, para bordar jerséis... Yo no suelo utilizarlo, bordo directamente sobre la camiseta. Tengo miedo de que quede rígido, o que se transparente, creo que la camiseta tendrá un tipo de caída diferente, pero pruébalas, igual te irán bien para un tipo determinado de camisetas.

Prepara la camiseta, lávala y plánchala. Transfiere el diseño siguiendo alguno de los métodos de la página 17. Ténsala en el bastidor y enhebra la aguja con un solo hilo negro. Todo el bordado está realizado con hebras de un hilo menos la nariz, que es un pequeño nudo francés realizado con una hebra doble.

Empieza a bordar el contorno de los ojos utilizando el punto mosca, utiliza puntos rectos para las pestañas y el relleno de las pupilas.

A. El punto de *tallo* va genial en tejidos elásticos porque las puntadas se superponen entre sí.
B. *Revés del bordado*, borda cada elemento de manera independiente en tejidos claros para evitar que se transparenten los hilos.
C. *Las letras* están bordadas combinando puntos rectos y puntos mosca para las curvas.
D. *Líneas de vapor* curvas bordadas en cadeneta.

Para bordar la carita sigue las pautas que se detallan en el proyecto de ejemplo, páginas 26 a 29.

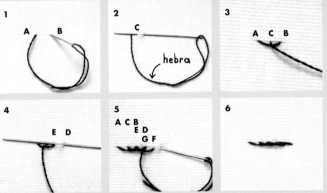

∧ **Punto de tallo:** *Borda de izquierda a derecha, sacando la aguja en el centro de la puntada y manteniendo la hebra siempre por debajo de la aguja. En este punto, las puntadas se superponen, cada nueva puntada empieza en el centro de la anterior.*

Borda la boca en punto mosca. Cambia de hilo para bordar los coloretes en punto de bastilla. Todo el contorno de la taza y el bocadillo están hecho en punto de tallo. Sigue bordando las letras también con punto recto y mosca. Por último borda el vapor en cadeneta.

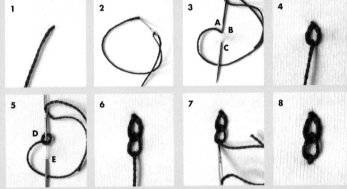

∧ **Punto de cadeneta:** *Pincha la aguja en A, el mismo sitio en que sale la hebra y sácala en C por encima de la hebra. Sigue la siguiente cadeneta pinchando dentro de la cadeneta anterior. Termina con un pequeño punto que sujete la última cadeneta (fotos 7 y 8)*

< *Comprueba si el tejido de la camiseta es muy elástico, juega con la tensión de los puntos para evitar que se arrugue.*

TARJETERO

Nivel de dificultad

— 1 —

NECESITARÁS

para el bordado
plantilla pagina 62
tela de Lino para bordar
aguja de punta redondeada

hilo mouliné DMC
▲ 3843 azul
▲ 930 azul oscuro
▲ 904 verde
▲ 913 verde
△ 444 amarillo
△ 712 crema
△ blanco
▲ 967 rosa
▲ 666 rojo
hilo perlé nº 5 DMC
▲ 666 rojo

para el tarjetero
patrón pagina 64
tela para el forro interior
entretela (opcional)
cinta de color

PASO 1. BORDADO

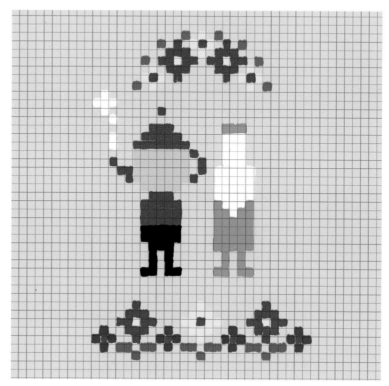

Gráfico del bordado
Cada cuadrado del dibujo representa un punto de cruz.

Este bordado está realizado en un diminuto punto de cruz sobre una tela de lino natural. Cada puntada está trabajada cogiendo dos hilos de la tela, es un trabajo minucioso en que pondrás a prueba tu vista de lince.

Para empezar la labor sigue las pautas indicadas en la página 18 de la introducción a los puntos de hilos contados. Cuenta los cuadritos del patrón del bordado para transferir el diseño a la tela.

puntos empleados: 20 punto de cruz / gráficos puntos páginas 128 y 129
Aumenta el tamaño del punto de cruz *cogiendo más hilos de la tela en cada puntada, haz varias pruebas hasta encontrar una medida en la que te sientas cómoda.*

PASO 2. CONFECCIÓN

En este tarjetero he utilizado además del lino, una cinta de algodón, entretela y una tela de cuadritos vichí para el forro interior, pero éstas últimas son opcionales. Si no utilizas ni forro ni entretela, la confección del tarjetero será más sencilla y rápida.

Con el bordado ya acabado, corta dos piezas cuadradas de lino y forro (la entretela es opcional) de 12,5 cm, en estas medidas ya he añadido el medio cm para las costuras.
Corta también unos 5 cm de cinta.

0,5 cm / costura

3 cm / dobladillo

3,5 cm / bastilla

costura pieza

margen costura

Patrón tarjetero / tamaño real: 12,5 x 12,5 cm

A. Cose juntas por la parte de arriba dejando medio centímetro de margen una de las piezas de lino con otra de forro con los derechos enfrentados. Añade la capa de entretela por encima si lo prefieres. Repite con las otras piezas de tela.

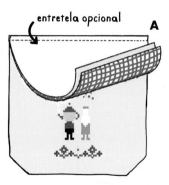

entretela opcional

A

La entretela y el dobladillo final del tarjetero aportarán más solidez al lino, así tus tarjeteas irás más protegidas.

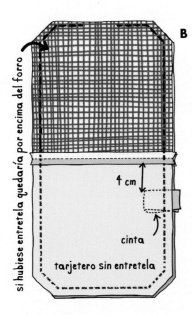

si hubiese entretela quedaría por encima del forro

B

4 cm

cinta

tarjetero sin entretela

B. Extiende ambas piezas cosidas y colócalas centradas una encima de la otra con los derechos enfrentados: forro con forro y lino con lino. Añade la cinta doblada entre las piezas de lino, dejando que los extremos de la cinta sobresalgan como muestra el dibujo.
Fija con alfileres y cose un pespunte alrededor de toda la pieza dejando una abertura en el centro de la parte superior del forro para poder volver el tarjetero del derecho.

C. Una vez vuelto del derecho, cose para cerrar la abertura de la base del forro y empuja el forro hacia dentro del tarjetero.
Haz un dobladillo con los dos centímetros y medio de la parte superior del tarjetero.

C

doblar

D

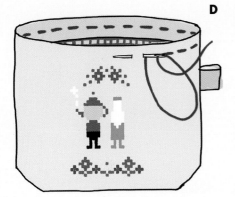

D. Fija y decora el el dobladillo del tarjetero con puntos de bastilla en hilo perlé rojo.

¿Sabías que la mitad de la población mundial consume té, caliente o frío, de manera habitual? Es la segunda bebida más consumida en el mundo, después del agua. Cada día se consumen unos 1.500 millones de tazas de té.

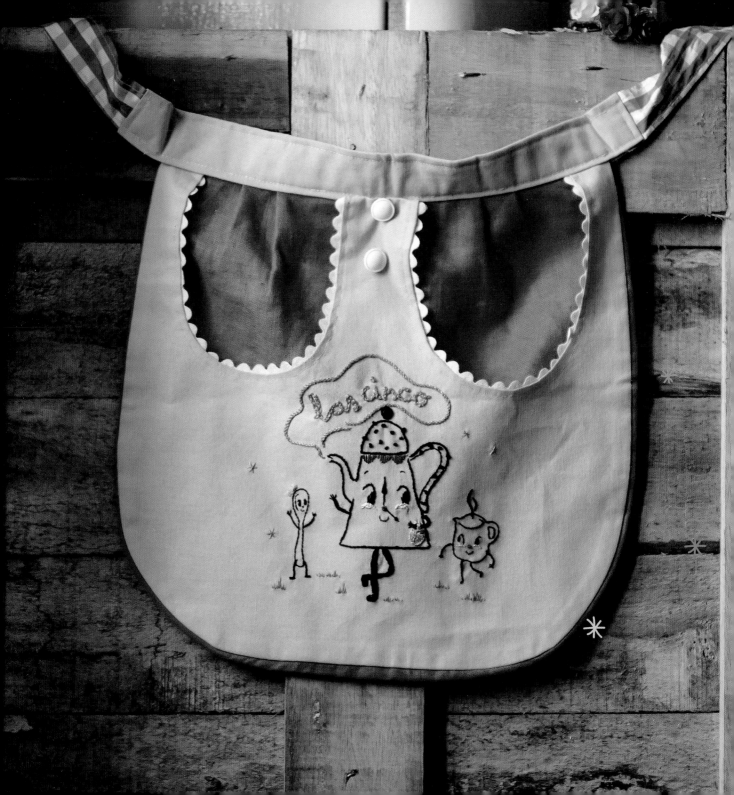

DELANTAL RETRO

Nivel de dificultad

— **5** —

NECESITARÁS

para el bordado
plantilla 4, página 137
tela frontal
bastidor
aguja fina de bordado
aguja de tapicería

hilo perlé nº 8 DMC
▲ 310 negro
▲ 666 rojo
hilo perlé nº 5 DMC
▲ 972 amarillo
▲ 992 verde clarito
broder spécial
▲ 701 verde
hilo mouliné DMC
▲ 970 naranja
▲ 967 rosa
▲ 310 negro

para el delantal
patrón página 72
tela interior
tela cinturilla
2 trencillas (o cintas zigzag)
2 botones

Los delantales son una de mis debi-
lidades, además de bonitos, son muy
útiles.

El diseño de este delantal es tan simple... el delantal entero
es un enorme bolsillo entre las dos telas y sólo es necesario
cortar dos aberturas en la parte frontal. El patrón lo saqué
de un precioso delantal que hizo la abuela de una amiga a
su madre cuando era niña. Puedes decorarlo como más te
guste, ¡imaginación al poder!
¿Preparada para empezar?

PASO 1. BORDADO

Amplía el patrón del delantal, la pieza A y B de la página
72, a la medida que prefieras y marca el contorno sobre
las telas dejando 1 cm de margen para las costuras. No
cortes las aberturas de los bolsillos hasta finalizar el bordado para bordar más cómodamente.
Imprime y amplia la plantilla del bordado de la teterita y
sus amigos y transfiérela a la tela siguiendo cualquiera de
los métodos explicados en la página 17.

Coloca la tela en el bastidor tensándola bien y enhebra
una aguja fina con dos hilos de Mouliné negro para empezar a bordar el interior de la teterita. Borda primero el
interior y deja las líneas de contorno para el final. Completa cada figura antes de pasar a la siguiente. Una vez
bordadas las figuras sigue con las letras, luego el contorno del vapor y por último borda los detalles del fondo:
hierba y estrellas.
Sigue los consejos de bordado e instrucciones que vienen
detalladas en las siguientes páginas.

puntos empleados

2 pespunte, 3 punto de cadeneta, 7 punto de tallo, 12 punto recto, 9 punto de festón, 10 punto mosca, 16 punto de asterisco, 21 punto de satén, 23 nudo francés, 24 nudo Bullion.
/ gráficos puntos páginas 128 y 129.

∧ *Borda primero los ojos y manecillas del reloj, luego mejillas, nariz y boca.*

*Dibuja el contorno de las **piernas y brazos** de la tetera con un pespunte, rellena el interior con puntos rectos >*

El bolso *está bordado en festón, el asa son cadenetas y lleva dos puntos de nudo francés.*

La cara de la tetera y detalles interiores están bordados con hebras dobles. Para mi carita y la de la jarrita, utiliza un solo hilo.

∧ *Fíjate bien en todas las fotos de los detalles del bordado y **sigue los diferentes niveles de capas**. En este caso, el brazo y bolso al estar por delante del cuerpo los bordarás al final.*

El **punto de tallo** es perfecto para bordar curvas, en este caso lo he utilizado también para las líneas que dibujan el vapor de la jarrita.

Las letras están bordadas en cadeneta, el contorno del vapor es un punto de tallo y la bolita de la tapa es un círculo formado por nudos Bullion.

¡Mira cómo se borda la bolita de la tapa!

pincha

enrolla

estira

vuelve atrás

estira

pincha

nudo Bullion

añade

completa

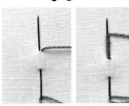

^ Círculo relleno de nudos Bullion, empieza bordando un nudo Bullion en el centro del círculo, luego añade más nudos pinchando en el mismo centro pero haciéndolos más largos dándoles más vueltas a medida que se alejan. Completa el círculo.

< Utiliza hilo Broder Spécial (o dos hebras de Mouliné) para las **briznas de hierba**

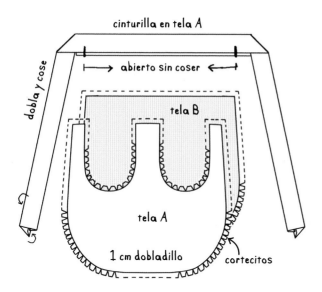

cinturilla en tela A

dobla y cose

abierto sin coser

tela B

tela A

1 cm dobladillo

cortecitos

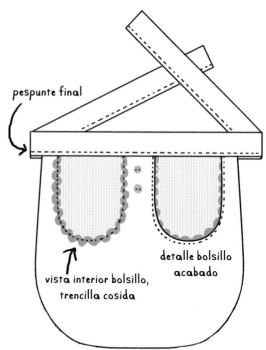

pespunte final

vista interior bolsillo,
trencilla cosida

detalle bolsillo
acabado

PASO 2. CONFECCIÓN

Amplia las medidas a tu gusto, mi delantal es de tamaño infantil de unos 40 x 35 cm.

Cuerpo del delantal: Corta la tela bordada siguiendo el patrón delantero A y la otra tela siguiendo el patrón trasero B. Haz un dobladillo en los bordes de los bolsillos y añade las trencillas por todo el interior de tal manera que asomen solamente las puntitas. Coloca las dos piezas del delantal con los derechos enfrentados y cóselas juntas con un pespunte dejando la parte superior de la cintura abierta sin coser.

Vuelve la pieza del derecho.

Cinturilla: Corta una tira de tela de 10,5 cm de ancho por 2 m de largo. Dóblala por la mitad, plancha y marca también dobladillos interiores de 1 cm a lo largo de la pieza con la plancha según muestra el gráfico de la izquierda. Cose la cinturilla dejando abierta una zona en el centro de unos 40 cm. Encaja la parte superior del delantal dentro de la abertura de la cinturilla y cose ambas piezas juntas. Decora con botones o lazos.

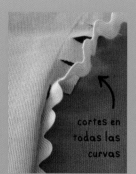

cortes en todas las curvas

fíjalo con alfileres y cose

La cinturilla la he hecho combinando la tela frontal con unos cuadros vichí en seda. El estampado queda muy alegre y la tela al ser muy suave hace que la lazada quede mucho más bonita.

¡Yo también quiero uno!

< Estos **botones de plástico blancos** los compré en un mercadillo de segunda mano. Los tenía esperando el proyecto ideal para utilizarlos desde hacía mucho tiempo.
¡Me encanta cómo quedan combinados con la trencilla blanca!.

FUNDA GALLETITAS

Nivel de dificultad

— **4** —

NECESITARÁS

para el bordado
plantilla 5, páginas 138 y 139
bastidor
tela frontal de la funda
aguja fina de bordar

hilo mouliné DMC
△ 437 tostado
△ 3041 violeta medio
▲ 3847 verde oscuro
△ 3843 azul turquesa
▲ 3846 azul eléctrico
▲ 825 azul oscuro
▲ 970 calabaza
△ 913 verde claro
▲ 904 verde
▲ 899 rosa
▲ 433 marrón

▲ 400 caoba oscuro
▲ 666 rojo
△ 729 oro viejo
△ 444 amarillo
△ 701 verde hierba
△ 967 albaricoque

hilo satin DMC
▲ S976 marrón

hilo perlé nº 8 DMC
▲ 666 rojo

para la funda
tela para el forro interior
tela trasera
guata (opcional)
cinta bias

El baile de las galletas se divide en dos escenas, dos galletitas bailando entre las flores y tres galletas más pequeñas que forman una cenefa.

Escoge una tela bonita para bordar, un algodón natural o lino serían unas buenas opciones. Lava y plancha la tela. Sigue las instrucciones de la página 54 para crear el patrón de la funda. Utiliza una guata bien gruesa para conseguir una buena protección. Transfiere la plantilla del bordado a la tela con cualquiera de los métodos explicados en la página 17.

puntos empleados
2 punto de pespunte
3 punto de cadeneta
7 punto de tallo
21 punto de satén
12 punto recto
10 punto mosca
9 punto de festón
8 punto de margarita
11 punto de semilla
6 pespunte entrelazado
23 nudo francés
15 punto de estrella
20 punto de cruz
1 bastilla
/ gráficos puntos páginas 128 y 129

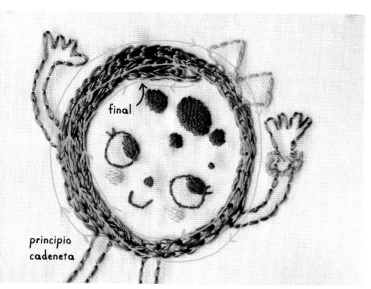

^ *El contorno de la galleta redonda es una cade-*
neta circular que empieza en las piernas, sigue
el sentido que indica el gráfico de la foto.

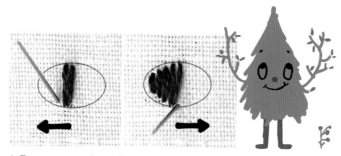

^ *Para conseguir un bonito **punto de satén** empieza a*
bordar por el centro y realiza puntos rectos hacia uno de
los extremos. Una vez completada la mitad de la forma,
vuelve al centro y desde allí rellena la mitad restante con
puntadas muy juntas.
Todas las puntadas de las manchas van en la misma di-
rección, será más fácil si te dibujas líneas como guías
marcando la dirección de las puntadas.

PASO 1. BORDADO

En este diseño he trabajando con una o dos hebras para crear diferentes volúmenes y niveles de lectura. El interior de las figuras, piernas, brazos más las briznas de hierba están bordados utilizando una única hebra de hilo. El resto: flores, hojas, letras, pulseras, botitas y contornos de las galletas utilizando dos hebras para conseguir un mayor realce.

También he añadido a la funda una puntilla bordada que la atraviesa horizontalmente y divide el bordado en dos escenas.

Lo más difícil es comenzar un bordado, es complicado decidirse por donde empezar. En este caso puedes empezar por las figuras y luego trabajar los fondos.

Primero borda el **interior de las caras de las galletitas** siguiendo las mismas indicaciones de las páginas 26 a la 29. Las manchas de las cara de la galleta redonda están trabajadas con punto de satén y las de la galleta triangular con punto de semilla. Realiza **brazos y piernas** con un pespunte. Una vez terminados empieza las **pulseras y botitas**, para que queden por encima del pespunte.

Borda los **contornos de las galletitas** utlizando también dos hebras de hilo para que resalten más. La cadeneta circular utilizada en la galleta redonda es más sencilla de lo que parece, sigue el gráfico y las pautas indicadas en la foto superior izquierda. Bórdale el lazo como toque final. El contorno de la galleta triangular es un festón con las puntadas muy juntas. Queda muy bien para realizar líneas gruesas bien tupidas.

La parte más complicada del triángulo son las esquinas, regula los espacios y las direcciones de las puntadas agrupándolas en el interior del ángulo y espaciándolas en el exterior.

< **punto de festón:** *consulta la página 70 y la 81.*

Cuando llegues al **bordado de las tres galletitas** de la parte de abajo empieza también por las caras. Sigue con brazos y patitas, que estarán bordadas utilizando dos hebras de hilo Mouliné, alternando puntos rectos y puntos mosca en las zonas curvadas.

^ *La nariz es un minúsculo punto de cruz. Las manos tres puntos rectos, como en las briznas de hierba.*

Borda las **siluetas onduladas de las tres galletitas** en una línea continua de puntos mosca. Es perfecta para realizar cenefas, dibujar escamas, tejados de casas, nubes...

Borda dos flores amarillas hechas con nudo francés y tallos en puntos rectos.

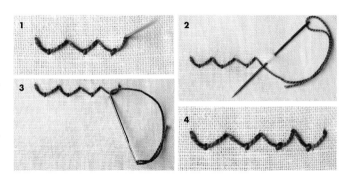

< *El **punto mosca** es muy versátil y decorativo. Consulta la página 29 y el gráfico de la página 129 para realizar un punto mosca. Sigue los detalles de estas fotos para bordarlas alineadas y seguidas.*

Pespunte entrelazado:
Pasa la aguja con el hio beige por debajo de cada puntada de pespunte rojo, de arriba abajo sin pinchar la tela.

Una vez tengas las todas las figuras completas puedes empezar a bordar las **letras** en un pespunte rojo y luego entrelazar las puntadas con hilo beige, consulta los puntos adornados de la página 42. El pespunte entrelazado es muy decorativo, esconde las puntadas y parece una cuerda flotando sobre la tela. Utiliza una aguja de punta redondeada o gira la aguja como en la foto.

Empieza bordando las **flores** y luego sigue con **ramitas y hojas.** Así conseguirás trabajar las flores con más comodidad ya que la aguja no se enganchará con otras puntadas. Trabaja las ramitas con cadenetas y las hojas con puntos de margarita o cadenetas sueltas.

Las campanillas combinan puntos mosca con puntos rectos.

1

2

⌃ Festón circular o ruedas de festón: *Trabaja en el sentido contrario a las agujas del reloj, girando la tela a medida que avances.*

< Cuando se te acabe el hilo *haz una puntada pequeña fijando el último punto de festón y saca la aguja con la nueva hebra por el mismo sitio de la puntadita tal como muestran estas tres fotos.*

> Empieza el festón circular por la línea exterior. Para cerrar el festón pasa la aguja por el primer punto que hiciste y escóndela pinchando en el centro del círculo.

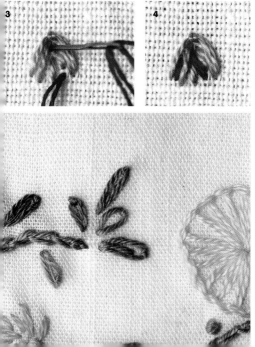

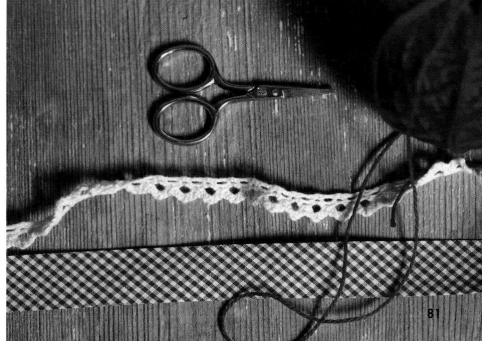

81

Cuando hayas acabado el bordado, añade la puntilla cosiéndola a la funda con una bastilla en perlé rojo.

¡Ahora ya tienes todo listo para confeccionar tu funda!

PASO 2. CONFECCIÓN

Combina telas diferentes, para la parte trasera de la funda he escogido una loneta de color beige, mucho más resistente a los roces que la blanca del bordado y una cinta bies de cuadros vichí. Mide y corta las telas siguiendo las instrucciones de la página 54, adaptando las medidas a tu portátil o tableta.

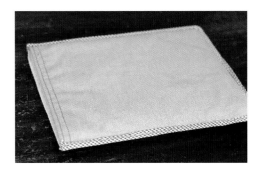

¿Sabías que...?
El té se convirtió en infusión durante la dinastía Ming, al principio las hojas previamente maceradas, se hervían con leche, cebollas o cortezas de naranja. Actualmente se sirve de muchas maneras diferentes, caliente o frío. Espumoso como en Japón, acompañado de limón u otras frutas, flores y bayas, menta, especias, leche, miel o azúcar... también con sal y mantequilla como en el Tíbet. Existe incluso una receta de ponche escocés en el que se hierbe el té durante una hora con cortezas de limón, se le añade azúcar, luego ron y se flambea justo antes de tomar.

BOLSITAS

DE TÉ

Nivel de dificultad

— 1 —

NECESITARÁS

para el bordado
plantillas página 88
bastidor
tela de algodón natural
aguja fina de bordar
aguja de tapicería

hilo mouliné DMC
▲ 666 rojo
▲ 310 negro
hilo perlé nº 8 DMC
▲ 666 rojo
▲ 310 negro
△ blanco
hilo coton retors DMC
▲ 2924 azul
▲ 2912 verde
△ 2144 amarillo
▲ 2350 coral medio

para las bolsitas
patrones página 88
retales de telas estampadas
cintas de colores

Al principio, cuando hice estas bolsitas de té las imaginé como puntos de libro, pero poco a poco empezaron a danzar por mi cabeza como broches, llaveros, o como bolsitas de lavanda para perfumar la ropa. Las puedes utilizar también como etiquetas para adornar las cajas donde guardas el té, puedes colgarlas con celo de color en la pared para decorar un rincón, o convertirlas en cojines si las haces bien grandes y las rellenas con guata.
¡Las posibilidades son infinitas!

Juega con los colores de las telas de atrás, de la cinta y del cordón para diferenciar cada tipo de té. Utiliza la tela lisa para bordar la cara y reserva la estampada para la parte de atrás.

Estas bolsitas de té son multifuncionales, un regalo rápido de hacer que le robará el corazón a quien las regales.

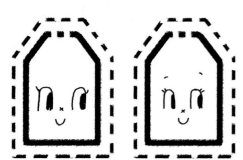

Plantillas de bordado y patrones bolsitas.

medidas cinta
1,5 cm x 6 cm

dobla por
las líneas
de puntos

PASO 1. BORDADO

Bolsitas

Empieza dibujando las bolsitas dejando un margen para la costura, sobre la tela lisa de algodón.

Amplia un 160% y calca as plantillas de bordado que aparecen arriba. Cada una de mis bolsitas miden 3,8 cm de ancho por 5 cm de alto.

Borda cada cara con hebras de un hilo mouliné utilizando los puntos de bordado que se detallan en la siguiente página y las pautas de las páginas 32 y 33.

Etiquetas bordadas.

Para cada etiqueta he utilizado una cinta diferente. Escribe la palabra "TEA", o "TÉ" si lo prefieres, bien centrada en la cinta, como muestra el gráfico superior de la derecha. Utiliza hilo perlé del número 5 para bordar las letras con grandes puntadas. Una vez bordado, dobla la cinta para ocultar la parte de atrás siguiendo las instrucciones de la página 91.

puntos empleados
2 pespunte
12 punto recto
20 punto de cruz
10 punto mosca
/ gráficos puntos páginas
128 y 129

Escoge un hilo perlé que contraste bien con el color de la cinta.

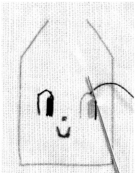

¿Sabías que...? En 1904 Thomas Sullivan, creó unas bolsitas como medidas para servir una taza de té, se abrían y vertías su contenido, pero la gente metía directamente la bolsita en la taza. En 1964 se comercializó la típica bolita que conocemos actualmente.

*Utiliza el **punto mosca** para realizar toda clase de curvas en ojos, cejas y boca. Un **punto de cruz** para la nariz y **puntos rectos** en el relleno de las pupilas.*

PASO 2. CONFECCIÓN

Aprovecha retales de colores que tengas en casa para la confeccionar las partes traseras de las bolsitas. Sigue las instrucciones y gráficos con los pasos detallados para coser las bolsitas y añadir las etiquetas bordadas.

¿SABÍAS QUE...? PARA CONSEGUIR UN TÉ CON EL MÁXIMO SABOR, NO DEBES DEJAR QUE EL AGUA ROMPA A HERVIR, ASÍ EL AGUA CONSERVARÁ TODO SU OXÍGENO.

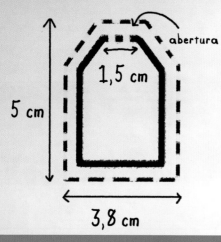

abertura

1,5 cm

5 cm

3,8 cm

A. Corta las piezas de tela estampada para la parte de atrás de las bolsitas. Coloca la tela bordada y la estampada derecho con derecho, fija con alfileres y cose un pespunte alrededor siguiendo el patrón y dejando una abertura de 1,5 cm en la parte superior. Vuelve la pieza del derecho.

¡hola!

B. Enhebra una aguja de tapicería con hilo coton retors del largo que prefieras para añadir el cordel de la etiqueta.

B

A×

Pincha la aguja desde el interior de la bolsita dejando el nudo oculto entre las dos telas.

¡Ya puedes cerrar la bolsita!

BLanco

Té
verde

negro

ROJO

C. Dobla los dos extremos de la
abertura hacia el interior de la
bolsita. Haz una puntada con el hilo
coton retors atravesando la bolsita
y pinchando después la hebra como
muestra el dibujo.

Cierra los bordes de la bolsita
con pequeñas puntadas.

C

2

3

1

D

TEA

coser

D. Introduce el final del cordoncillo en el interior
de la etiqueta doblada y con los extremos plegados
hacia adentro. Cose la etiqueta al hilo y sigue dan—
do puntadas alrededor de la pieza para cerrarla.

COLGANTE ESCUDO

Nivel de dificultad

— 3 —

NECESITARÁS

para el bordado
plantilla 6, página 139
loneta de algodón natural
bastidor
cuentas rojas y blancas
aguja fina de bordar
aguja de tapicería

hilo mouliné DMC
▲ 666 rojo
▲ 913 verde
▲ E436 dorado

hilo perlé nº 8 DMC
▲ 666 rojo
▲ 310 negro
△ blanco

hilo de coser DMC
▲ 2427 marrón oscuro

para el escudo
patrón 6, página 139
fieltro
cadena

Siempre me han gustado los escudos y banderolas, éste ribeteado en dorado tiene un punto de escudo nobiliario y de suvenir, de esos que se colgaban en los retrovisores de los camiones.

Lo he convertido en colgante añadiéndole una cadena, pero también puedes utilizarlo como parche para decorar bolsas o chaquetas.

El escudo mide unos 6,5 x 8 cm.

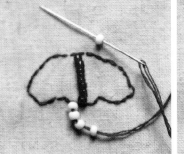

^ *Añade las cuentas del gorrito con puntadas rectas que se juntan en el centro*

PASO 1. BORDADO

Prepara la tela y calca el patrón del escudo. Sigue las instrucciones de la página 26 a la 29 para bordar la carita, pero en este caso utiliza hilo de coser marrón oscuro para ojos y cejas.

Realiza un pespunte siguiendo la silueta de la teterita con dos hebras de hilo Mouliné verde. El gorrito irá bordado en rojo. Añade las cuentas utilizando un punto recto por cada hilera de color tal y como muestran las fotos de arriba. Haz un mini pompón y cóselo en lo alto del gorrito.

puntos empleados

2 pespunte
7 punto de tallo
12 recto
23 nudo francés
10 punto mosca
9 punto de festón
/ gráficos puntos páginas 128 y 129

Marca la dirección de los puntos y empieza desde el centro hacia uno de los lados.

^ *A medida que avanzas, añade más cuentas en cada puntada para que se curven y se monten unas sobre otras.*

Mini pompón: *Enrolla en uno de tus dedos una buena cantidad de hilo Mouliné (utiliza los seis hilos de la hebra) o perlé rojo. Átala por el centro dejando las lazadas en los extremos. Córtalas con unas tijeras. Moldea el pompón con las tijeras hasta conseguir el tamaño deseado.*

Enhebra la aguja con uno de los hilos que utilizaste para atar el pompón y cósela en lo alto del gorrito. Al principio no quedará muy definido, pero déjalo bien pequeñito cortando bastante para que quede tupido y acaba de darle forma con algunas puntadas.

Borda TEA GIRL...

Utilizando dos hebras de hilo Mouliné negro, haz varias pasadas de puntos rectos para conseguir unas letras bien gruesas y emplea puntos mosca en las curvas.

PASO 2. CONFECCIÓN

Cuando acabes el bordado corta la pieza siguiendo el patrón y añadiendo medio centímetro para hacer el dobladillo. Dobla hacia atrás ese medio centímetro siguiendo la forma del escudo. Corta un trozo de fieltro con la misma forma y fija las dos piezas con alfileres. Haz un festón alrededor del escudo utilizando las seis hebras de Mouliné dorado para unir ambas piezas, quedarán una puntadas muy gruesas y decorativas.
El fieltro aporta un poco más de cuerpo al escudo y también esconde la parte de atrás del bordado.

Escoge el largo de cadena que prefieras y cose uno de sus extremos al escudo con hilo perlé rojo. Quedará muy decorativo y le dará un punto más fresco al colgante. ¡Ya tienes tu colgante listo!

Punto de festón >

1 borda de izquierda a derecha

nudo

B

A

2

junta más las puntadas para tapar la costura

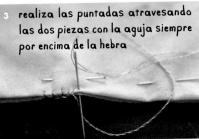

3 realiza las puntadas atravesando las dos piezas con la aguja siempre por encima de la hebra

< Cose el último eslabón de la cadena al escudo con varias puntadas irregulares. He escogido hilo rojo para que destaquen las puntadas, pero si prefieres algo más discreto utiliza hilo del mismo color que el fieltro.

TEAGIRL

97

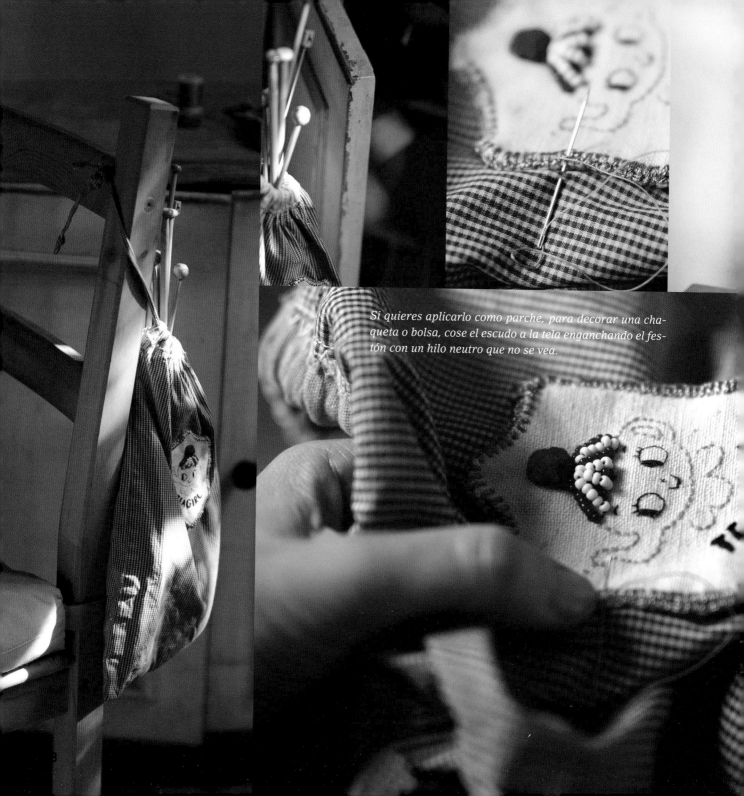

Si quieres aplicarlo como parche, para decorar una chaqueta o bolsa, cose el escudo a la tela enganchando el festón con un hilo neutro que no se vea.

HAY UN DICHO POPULAR
QUE REZA...
PARA PREPARAR UN BUEN TÉ
DEBES AÑADIR UNA CUCHARADITA
DE TÉ POR TAZA
Y OTRA CUCHARADITA
PARA LA TETERA

99

ALFILETEROS CUPCAKE

Nivel de dificultad

— **2** —

NECESITARÁS

guaaaau...

para el bordado
plantilla 7, páginas 140 y 141
retales de telas
bastidor
aguja de tapicería
aguja de coser

hilo coton retors DMC
'cupcake flor'
△ ecru
▲ 2912 verde
▲ 2350 coral medio
'cupcake cereza'
△ 2738 crema
hilo mouliné DMC
'cupcake osito'
▲ 913 verde
▲ 666 rojo
▲ 967 rosa
'cupcake gatito'
▲ 825 azul
▲ 666 rojo

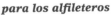

para los alfileteros
plantillas decoraciones página 105
pompones
retales de tela estampada
fieltro
guata
tacitas o moldes para magdalenas

Los alfileteros son otra excusa perfecta para utilizar retales de tela. Puedes meter estos alfileteros en cajitas y regalarlos como felicitaciones añadiendo banderitas con notas escritas. Elige tus tacitas favoritas, copas de helado o moldes de magdalenas... quedará genial.

Tienes cuatro alfileteros diferentes: los dos primeros son muy sencillitos, con un pequeño bordado en hilo bien grueso y decorado con un pompón a modo de guinda, y los otros dos son cupcakes-animalitos con caritas bordadas y decoraciones en fieltro y tela estampada.

He utilizado diferentes tipos de telas para hacer estos alfileteros, algunas bien gruesas de lana. Con las telas gruesas no podrás calcar las plantillas porque la tela no se transparentará, tendrás que probar los métodos alternativos para transferir el diseño de la página 17 de la introducción.

puntos empleados
'cupcake flor': 9 festón y 8 punto de margarita
'cupcake cereza': 3 punto de cadeneta
'cupcake osito': 12 punto recto y 10 punto mosca
'cupcake cereza': 3 punto de tallo, 12 punto recto y 10 punto mosca
/ gráficos puntos páginas 128 y 129

PASO 1. BORDADO

Dibuja un círculo de unos 20 cm de diámetro en un retal de tela y marca el centro de la pieza para empezar a transferir el diseño. Haz cada alfiletero de una medida diferente cambiando el tamaño del círculo.

Cupcake flor

En este alfiletero he utilizado una tela gruesa de lana, las telas gorditas con trama abierta van muy bien para bordar con hilos gruesos de algodón o lanas.

flor de festón,
consulta también
la página 81.

Una vez dibujada la flor en el centro de la tela, monta la tela en el bastidor y enhebra una aguja gruesa de tapicería con hilo coton retors de color crudo. Marca el centro de la flor donde se juntarán todos los puntos de festón y empieza a bordarla por el contorno siguiendo los mismo pasos que se detallaban en el festón circular de la página 81.

Realiza hojitas de color naranja entre cada pétalo con punto de margarita y justo en medio de las naranjas, borda otras hojitas verdes alargando mucho más el punto de margarita.

puntos margarita muy largos

Para acabar de decorar tu alfiletero, cose el pompón al centro de la flor.

si estiras bastante el hilo, el punto de margarita se cierra y queda como una línea doble, si lo dejas suelto se curva.

Cupcake cereza

En este alfiletero he usado una tela de algodón bastante recia de un color azul turquesa que contrasta con el color crema y el rojo de la guinda.

La cobertura de crema es una cadeneta circular bordada con hilo coton retors. Empieza dibujando un círculo centrado en la tela de unos 5 cm de diámetro.

Hay varias maneras de bordar un círculo de cadeneta: se suele bordar una cadeneta en espiral, y a veces se añade un anillo exterior que la perfila y disimula dónde empiezan y acaban las puntadas. Sigue los pasos de las fotos para realizar el anillo y luego la espiral.

Ponle la guinda a tu cupcake cosiéndole un pompón.

^ *Borda una cadeneta circular y* **cierra el anillo** *pasando la aguja por debajo de la primera cadeneta del círculo y pinchando de nuevo la aguja dentro de la última cadeneta que hiciste.*

^ *Rellena el anillo con una* **espiral** *realizada en cadeneta empezando por el borde exterior del círculo y dirigiéndote hacia el centro. Junta mucho cada vuelta para que quede un relleno muy tupido.*

Cupcake gatito

La tela de este alfiletero es un trocito de sábana antigua de algodón blanco, es gruesa y muy gustosa de bordar.

La cara del gato está bordada utilizando hebras de único hilo Mouliné. Los tres pelitos, los bigotes y el relleno de la pupila están realizados con puntos rectos. El contorno de los ojos está hecho en punto de tallo y la boquita sonriente con mi querido punto mosca. Añádele un pequeño pompón rojo cosido como nariz. También puedes sustituir los pompones por botones si lo prefieres. Cose las orejas una vez hecho el alfiletero (página 106).

Cupcake osito

¡Este osito se va de fiesta con su gorrito de rayas!. La tela amarilla es muy finita y elástica, una vez rellena es muy fácil de moldear.

Los ojos están bordados utilizando dos hebras de hilo Mouliné, el resto de la cara con una sola hebra.
Borda con puntos rectos ojos, nariz y mejillas. Las cejas y la boca realízalos con puntos mosca.

¡Plantillas!

Amplía las plantillas a un 120%. Las orejitas del gato y el gorrito serán de tela, así que deja medio centímetro de margen para las costuras.

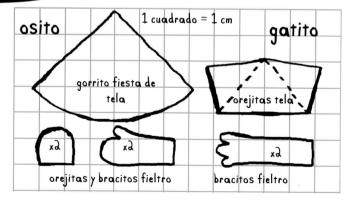

osito		1 cuadrado = 1 cm		gatito

osito — gorrito fiesta de tela

orejitas y bracitos fieltro (x2, x2)

gatito — orejitas tela

bracitos fieltro (x2)

*añade 0,5 cm de margen en gorrito y orejas

PASO 2. CONFECCIÓN

Corta el círculo de tela bordada y cose un hilván alrededor dejando medio centímetro de margen. Frunce, rellena de guata y ata los dos extremos del hilo para cerrarlo.

El alfiletero flor y el de crema con guinda ya están listos para colocarlos en una de tus tacitas antiguas preferidas o dentro de un molde, cualquier cuenco o recipiente te servirá.

1. corta un círculo de tela e hilvana.

2. frunce y rellena de guata.

3. ajústalo en el recipiente y decora.

Cupcakes gatito y osito

Utiliza los patrones de la página anterior para cortar orejitas, gorrito y bracitos. Utiliza una tela estampada para el gorro del osito y las orejitas del gatito. Sigue los gráficos e instrucciones que se detallan a continuación para confeccionar las piezas.

Usa fieltro para brazos y para las orejas del osito. Cóselos al alfiletero con unas cuantas puntadas. Una vez lo tengas listo, pincha alfileres o banderitas con mensajes.

Orejas gatito

1. Dobla la pieza con el derecho de la tela hacia dentro y cósela por uno de los extremos.

2. Vuelve del derecho y pliega la oreja dejando la costura por delante. Esconde los extremos de la tela hacia adentro.

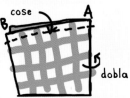

cose

dobla

3. Fija con alfileres y cose al alfiletero.

dobla hacia dentro

Cose bracitos, orejas y gorrito con puntadas rectas

< asegúrate de que los bracitos asomen fuera del recipiente.

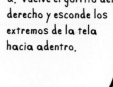

Conviértelo en una felicitación añadiéndole notas escritas en banderitas hechas con palillos y celo de colores.

Gorro osito

1. Dobla la pieza dejando el derecho de la tela en el interior. Cose a lo largo.

cose

dobla

2. Vuelve el gorrito del derecho y esconde los extremos de la tela hacia adentro.

dobla hacia dentro

3. Rellénalo con guata antes de coserlo al alfiletero.

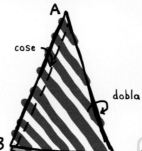

TETERA
CAJITA Y CUBILETE

Nivel de dificultad

— **4** —

NECESITARÁS

para el bordado
*gráficos páginas 112, 115, 118
y 119
cañamazo de 12 hilos
aguja de tapicería*

CHOCOLATE
cake

**hilo coton retors DMC
'cabeza tetera y tapa'**
▲ *2948 crema*
▲ *2885 lila*
▲ *2238 azul marino*
△ *blanco*
▲ *2666 rojo*
▲ *2104 rosa*
▲ *2504 verde*
'cuerpo tetera'
▲ *2995 azul*
▲ *2144 amarillo*
▲ *2642 beige*
▲ *rojo 2666*
▲ *ecru*
▲ *310 negro*

para la cabeza de la tetera
1 caja o cubilete de cartón
para la tapa
*cartón
fieltro grueso
pompón*
para el cuerpo
*1 caja o cubilete de cartón
terciopelo adhesivo
cordoncillo forrado*

¡Llegamos a uno de los proyectos que más me gustan!

Una teterita con cara despierta por delante y dormida por detrás, que es además, cajita con tapa y cubilete.

Mi teterita está inspirado en las manualidades retro de antaño. Se trata de un proyecto largo y aunque los puntos utilizados son muy sencillos, hay bastante trabajo en el relleno de las superfícies.

El interiror de las dos piezas son unos cubiletes que puedes montar con cartón y que van forrados con el cañamazo bordado, consulta la introducción sobre las técnicas de hilos contados de la página 18. Tanto el medio punto de cruz como el punto gobelino recto que he utilizado, se trabajan de forma regular contando los hilos del cañamazo y pasando la aguja a través los agujeros de la rejilla. El diseño bordado cubre toda la superfície del cañamazo.

El bordado lo he dividido en dos partes: La cabeza-cajita con paredes, boca, asa y tapa; y el cuerpo-cubilete.

Todos los elementos se bordan por separado, se cosen para unirlos en cada una de las fundas y finalmente se enfundan sobre la caja y el cubilete de cartón.

En las páginas siguientes, encontrarás los patrones de todas las piezas con sus explicaciones detalladas.

Prepara el cañamazo.

Antes de empezar a bordar, haz pruebas en un trozo de cañamazo para controlar el punto y el tamaño de los elementos.

El proceso de medir el cañamazo y transferir el diseño es un poco engorroso, sobre todo en piezas tan grandes como éstas. Para facilitarte la tarea, divide la superfície en zonas más pequeñas (gráfico 111)

Cuenta las puntadas de los gráficos, cada punto equivale a un cuadradito o una hebra del cañamazo.

Marca el centro de la pieza del cañamazo con un rotulador permanente (para evitar que ensucie los hilos) y haz también varios hilvanes con divisiones más pequeñas. Deja un margen de cañamazo sin bordar de 5 cm, luego podrás recortarlo. Una vez marcados los centros y divisiones dibuja el diseño centrado sobre la pieza.

boca

asa

paredes cabeza

tapa

cabeza / caja

cuerpo / cubilete

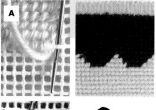

motivo cenefa

B

4

12

A

9

PASO 1. BORDADO

puntos empleados
19 medio punto de cruz
13 punto gobelino recto
/ gráficos puntos páginas 128 y 129

Paredes cabeza

Este primer gráfico corresponde a las cuatro paredes de la cabeza de la tetera que se bordan en una sola pieza. Para facilitarte la distribución de las cuatro caras puedes guiarte por el motivo de la cenefa, cada cara contendrá cinco motivos (ondas) de cenefa.

Borda primero la cenefa superior luego los elementos de la cara y deja el relleno del fondo para el final.

El punto gobelino recto se empleará en la parte superior de la cenefa y en el asa, el resto de las paredes de la cabeza está realizado en medio punto de cruz.

A. medio punto de cruz
B. punto gobelino recto

A

B

gráfico de las cuatro paredes de la cabeza, no olvides marcar y reservar sin bordar las zonas donde irán cosidas el asa y la boquilla.

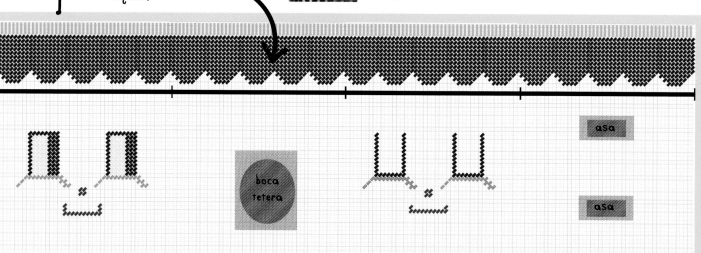

boca
tetera

asa

asa

Patrón boquilla

Dibuja este patrón sobre el cañamazo, dejando los márgenes indicados. Haz unos cortecitos en los márgenes superior e inferior y monta el lado izquierdo sobre la solapa derecha para darle forma de cono. Fíjalo con alfileres. Dobla el cañamazo de las solapas superior e inferior hacia dentro para acabar de pulir la forma de la boca de la tetera.

patrón boquilla

dobla hacia dentro los dos extremos

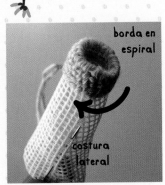

borda en espiral

costura lateral

Boquilla

Empieza a bordar por el borde superior de la boquilla en sentido circular utilizando el medio punto. Borda atravesando las dos capas de cañamazo doblado y también por encima de la zona lateral donde se solapan ambos lados, así quedará la costura bordada también en medio punto. Reserva el último centímetro de la boca sin bordar para coserlo a las paredes de la tetera.

Asa de la tetera

Transfiere el patrón de bordado del asa al cañamazo, dejando un margen de 1 cm alrededor. El asa está bordada combinando puntos rectos y medio punto de cruz en las partes laterales.

Una vez bordada la pieza, dóblala por la mitad con los dos extremos doblados hacia el interior de la pieza como muestran las fotos.

Sujeta la pieza doblada con alfileres y borda la costura lateral de los dos extremos con dos columnas de medio punto de cruz para cerrar el asa. Reserva el último centímetro de la parte superior e inferior del asa sin bordar para coserlo a las paredes de la tetera.

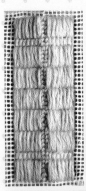

fija con alfileres y borda la costura

Patrón asa

costura

6
3

punto gobelino recto

medios puntos

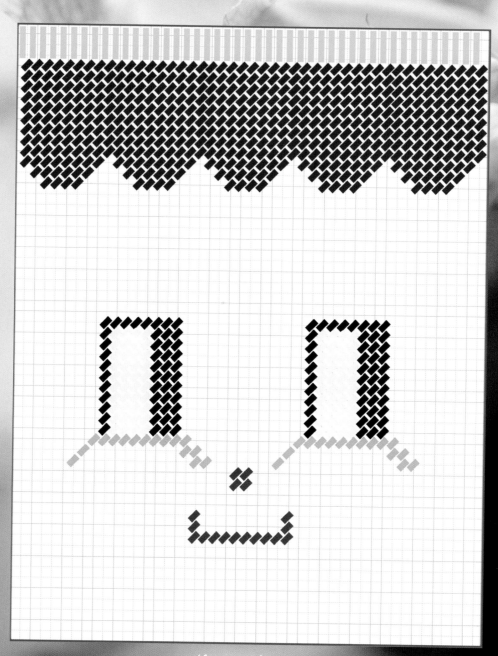

gráfico carita despierta

gráfico carita dormida

fija con alfileres

cose ambas piezas

Uniendo las piezas
Boquilla

Coloca la base de la boquilla en el espacio reservado de las paredes de la tetera y fíjala con alfileres. Borda ambas piezas juntas utilizando el medio punto para que las costuras queden disimuladas. Completa bordando la zona reservada hasta dejarla rellena.

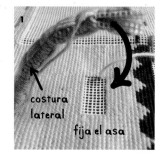

costura lateral

fija el asa

cose puntadas verticales

Asas

Coloca uno de los extremos del asa sobre las paredes. Fíjalo con alfileres y borda la costura con puntos rectos perpendiculares a la base, simulando la continuación del asa.
Realiza la misma operación con el otro extremo del asa y completa el bordado del resto de la zona reservada.

Los puntos de la costura pueden cruzarse por el interior de la boquilla para conseguir una mayor unión de las piezas.

Vigila que la boquilla no se deforme al coserla a la base, pero tampoco intentes que queda perfecta. ¡Las imperfecciones le darán a tu tetera muchísima más gracia!

detalle asa

Añade hilvanes de ref do para facilitar la ubicación de los gráficos.

Combina diferentes etapas del proceso para no agobiarte y ver cómo va quedando la pieza.

deshaz el pespunte a medida que vas avanzando la costura.

← dobla hacia adentro el cañamazo sobrante

Montaje cabeza

Una vez completadas las paredes y cosidas boquilla y asa, une los dos extremos laterales superponiendo medio centímetro de cañamazo sin bordar sobre uno de los lados.

Oculta el cañamazo sobrante de la base de la cabeza doblándolo hacia el interior y realiza un hilván con un hilo contrastado por toda la costura lateral.

Borda varias columnas de medios puntos de cruz sobre la zona de unión atravesando todas las capas de cañamazo, para cerrar la pieza.

El gráfico del bordado, es un diseño simétrico que tiene como eje central la parte frontal de los botones. La cara de la espalda quedará lisa, bordada en el color azul del fondo.

Gráfico cuerpo // hilo ECRU = negro en el patrón // hilo negro = color crudo en el patrón

Cuerpo de la tetera

Al igual que la cabeza, las cuatro paredes del cuerpo de la tetera se bordan juntas en una misma pieza rectangular de cañamazo, que luego se cierra con una costura lateral.

Es una pieza más pequeña que la de la cabeza, así que tendrás que volver a contar y medir el cañamazo según este nuevo gráfico que aparece en la página.

Sigue el mismo proceso del bordado de la cabeza: deja un margen alrededor de la zona a bordar, luego hilvana y marca líneas de referencia como el centro y cada una de las caras del cuerpo.

Borda en medio punto de cruz toda la pieza del cuerpo.

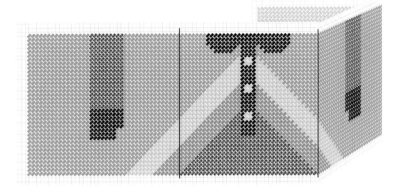

1 cara = 37 cuadros

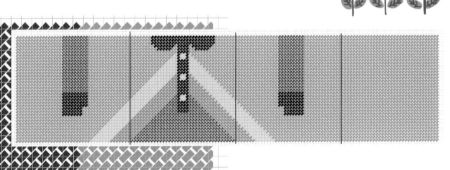

Una vez bordado el cuerpo, une los dos extremos laterales con alfileres. No olvides ocultar la parte inferior del cañamazo doblándola hacia el interior de la pieza antes de y coser el hilván.

Finalmente, borda varias columnas de medios puntos de cruz por encima de la costura. Retira también el hilván a medida ue avances bordando.

enfunda la caja

dobla hacia dentro

dobladillo de 1,8 cm
5 filas cenefa + punto recto

esconde el cañamazo doblándolo de nuevo

PASO 2. CONFECCIÓN

Cómo montar la cajita y el cubilete

Has llegado a la recta final del proyecto, en la que tendrás que forrar unos cubiletes de cartón con las dos piezas bordadas de la tetera: la cabeza y el cuerpo. Lo más sencillo es construir los dos cubiletes de cartón con las medidas de las fundas para que éstas se ajusten al máximo a los cubiletes.

Toma medidas de cada una de las piezas bordadas, divide la medida horizontal por cuatro para obtener la medida de cada una de las caras de los cubiletes. Mide la altura de las piezas descontando en la cabeza de la tetera, el dobladillo de la cenefa. Haz las bases de los cubiletes con las medidas horizonales de las caras. Prueba las fundas sobre los cubiletes y corrige medidas si es necesario. Pega las paredes y base de los cubiletes con celo.

Cabeza Tetera

El interior de la cabeza de la tetera lo he dejado sin forrar porque el dobladillo de la cenefa tapa los bordes de la caja. Enfunda el cubilete con la pieza bordada como muestran las fotos de arriba y una vez hayas ajustado bien las medidas, dobla la parte de la cenefa del flequillo hacia el interior del cubilete. Esconde el extremo del cañamazo que queda sin bordar con un nuevo pliegue. Puedes encolar la pieza, aunque es más práctico dejarla suelta para poder lavarla.

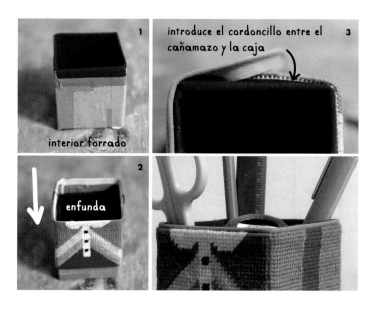

1 interior forrado

2 enfunda

3 introduce el cordoncillo entre el cañamazo y la caja

Cuerpo tetera

En el caso del cuerpo, he forrado previamente con terciopelo rojo adhesivo el interior del cubilete y he añadido un cordoncillo forrado para pulir los bordes. Con estos pequeños detalles he conseguido el toque setentero que necesitaba. Toma las medidas de esta funda como hiciste con la cabeza, el tamaño de este cubilete será un poco más pequeño que el de la cabeza. Como ya tienes los dobladillos hechos del cuerpo puedes empezar a probar las medidas enfundando el cubilete. Una vez ajustado y forrado, introduce el cordoncillo entre la funda bordada y el cartón alrededor de toda la pieza.

1. cuadrado bordado en medio punto de cruz

2. borda por encima de los pliegues

3.

4. pega fieltro grueso

pompón cosido

Tapa de la tetera

La tapa de la tetera es la parte final del proyecto, porque el tamaño dependerá de la medida de la cabeza ya forrada. Dibuja sobre el cañamazo un cuadrado de la medida de la cabeza y reserva unos 2,5 cm de margen.

Bordado tapa. Borda en medio punto de cruz con hilo de color lila todo el cuadrado dibujado. Corta un cuadrado de cartón de la misma medida del bordado y fórralo con el cañamazo. Fija con alfileres las esquinas y pliegues del cañamazo. Borda dos hileras de medio punto alrededor de la pieza con hilo de color ecru, atravesando las capas de cañamazo para unir los pliegues. Mide el hueco interior de la cabeza y corta un cuadrado de fieltro con esa medida, pruébala para que encaje bien en la cabeza. Pégala centrada sobre el cartón y borda el resto de cañamazo que quede a la vista en color ecru. Para acabar, dale la vuelta a la tapa y cósele un bonito pompón en el centro de la tapa.

Deja el bordado y montaje de la tapa para el final del proyecto. Así una vez tengas la cabeza de la tetera ya montada sobre el cubilete de cartón podrás verificar las medidas finales y conseguirás que la tapa encaje perfectamente.

¡ya está!

BROCHES PASTELITOS

Nivel de dificultad

4

NECESITARÁS

para los bordados
gráficos páginas 124 y 125
aguja de tapicería
'barquillo fresa'
cañamazo de 12 hilos
'galletitas mascotas'
cañamazo perforado 14 hilos

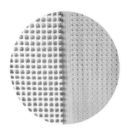

hilo coton retors DMC
'barquillo fresa'
▲ 2948 crema
▲ 2107 rosa
'broche gatito'
▲ 2599 azul
▲ 2424 beige
▲ 2433 marrón
'broche conejito'
▲ ecru
▲ 2352 rosa
▲ 2433 marrón

para el barquillo fresa
guata, fieltro y cuentas de colores
para todos los broches
broches
aguja fina de coser
hilo de coser

El té sabe mucho mejor con galletas y pastelitos.

Estos dulces están bordados en diferentes puntos de tapicería creando suaves estampados y geometrías. Quedarán muy bonitos prendidos en tu jersey o abrigo preferidos, ¡además te endulzarán el día!

punto utilizado
14 punto húngaro de relleno
/ gráficos puntos páginas 128 y 129

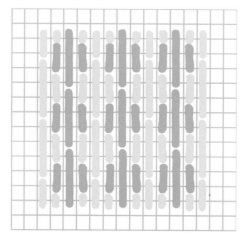

puntadas más cortas en primera y última fila

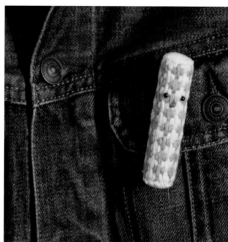

Broche barquillo

En el barquillo he utilizado el típico cañamazo de 12 hilos, es menos rígido que el de las galletas animalitos. Lo podrás manipular sin dificultad pero tendrás que darle algún tipo de acabado en los bordes para que quede pulido y no se deshilache.

BORDADO

Dibuja en el cañamazo un rectángulo de 6,5 x 7 cm y corta la pieza dejando un margen de 1 cm alrededor. El punto húngaro de relleno está formado por diamantes (tres puntadas verticales) separadas por un punto, que se repiten encajando unos con otros en cada nueva fila. Utiliza una hebra doble de hilo coton retors para conseguir que quede bien tupido y alterna dos colores diferentes en las filas. Empieza en la parte superior derecha y repite el gráfico de la izquierda hasta completar el rectángulo.

CONFECCIÓN

Una vez tengas el cañamazo bordado dóblalo dándole forma de tubo. Fija con alfileres los extremos y cóselos juntos con medios puntos de cruz. Rellena con guata y tapa cada uno la parte superior e inferior del tubo cosiendo un círculo de fieltro.
Ahora, ponle carita cosiendo dos cuentas negras para los ojitos y una roja para la nariz. Remata las puntadas por detrás donde vayas a coser el broche. Marca la posición del broche por detrás, en la costura y cóselo con hilo normal o con perlé para que quede bien sujeto.

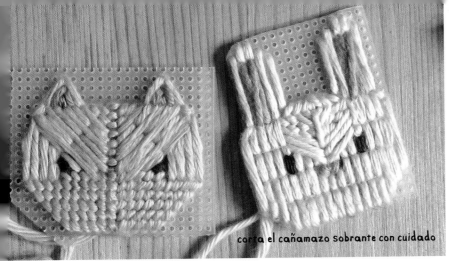

corta el cañamazo sobrante con cuidado

Broches galletas animalitos

Los animalitos están bordadas sobre otro tipo de cañamazo diferente, un plástico perforado de 14 hilos. Es perfecto para crear pequeñas piezas porque es duro y muy sólido, los bordes se mantienen perfilados al cortar.

BORDADO

Cuenta los agujeritos del cañamazo para trasnferir los gráficos y dibújalos con un rotulador. Utiliza hebras de un solo hilo coton retors y borda primero los fondos de las caritas, dejando los detalles de ojos y hocicos para el final.
En ambos diseños, se han combinado varios puntos, sigue las líneas y puntadas de los gráficos de la derecha.

CONFECCIÓN

Una vez bordado, corta el cañamazo sobrante vigilando no cortar las puntadas. Cose el broche centrado en la parte de atrás.
¡Ya está listo para prenderlo sobre tus blusa o tu chaqueta preferidas!

puntos empleados
13 punto gobelino recto y oblicuo, 20 punto de cruz y 19 medio punto de cruz.
/ gráficos puntos páginas 128 y 129

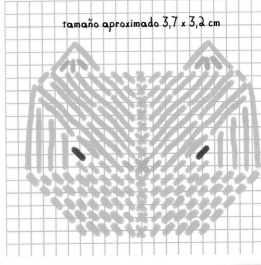

tamaño aproximado 3,7 x 3,2 cm

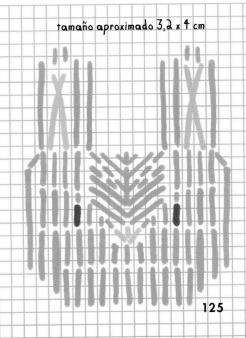

tamaño aproximado 3,2 x 4 cm

125

126

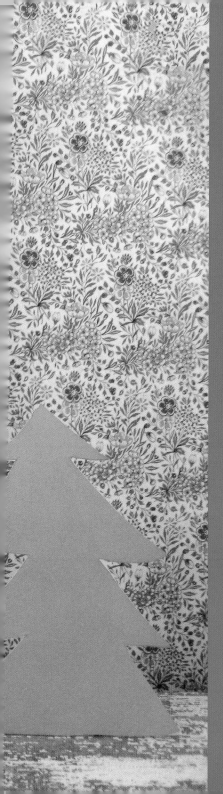

DIRECCIONES DE INTERÉS

Materiales de bordado:
www.latiendadedmc.com
www.duduadudua.com

Tutoriales:
elblogdedmc.blogspot.com (@DmcSpain)
www.needlenthread.com
www.embroidery.rocksea.org

Bordadoras/es:
Erica Wilson, Yumiko Higuchi, Jessie Chorley, Samantha Purdy,
Arounna Khounnoraj (Bookhou), Adriana Torres (Miga de pan),
Loly Ghirardi (srtalylo), Karen Barbé, Gimena Romero, Megan Ivy Griffiths,
@CristinaChanche, Joana Caetano (Jubela), Tessa Perlow, Kimika Hara,
Minia (Studiovariopinto), Nayla (UniversoBordado), Asesina Suárez,
Yumi Okita, Kyoko Maruoka (Gera!), Ruth Hughes (wildfloss),
Christine Kelly (gentle_work), Viv Silwka (Viv_Heensteeth), Mandy Pattullo,
Victoria Rose Richards, ipnot, Heather Rios, Maricor Maricar...
encontrarás más inspiración en mi Pinterest:
www.pinterest.com/misakomimoko/

① **Bastilla**

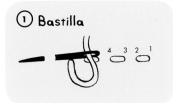

páginas 42, 49 y 65

② **Pespunte**

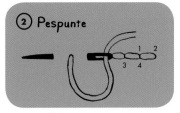

páginas 38, 39 y 30

Los puntos en inglés: *1 Running Stitch, 2 Back Stitch, 3 Chain stitch, 4 Threaded Chain Stitch, 5 Laced Double Running Stitch, 6 Whipped Back Stitch, 7 Stem Stitch, 8 Daisy Stitch, 9 Blanket Stitch, 10 Fly Stitch, 11 Seed Stitch, 12 Straight Stitcht, 13 Straight golbelin Stitch, 14 Hungarian Stitch, 15 Star Stitch, 16 Double Star Stitch, 17 Zigzag Couching, 18 Four Sided Stitch, 19 Tent Stitch, 20 Cross Stitch, 21 Satin Stitch, 22 Long and Short Stitch, 23 French Knot, 24 Bullion Knot.*

⑤ **Bastilla doble adornada**

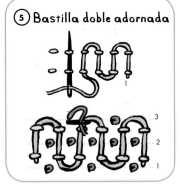

páginas 42 y 43

⑥ **Pespunte entrelazado**

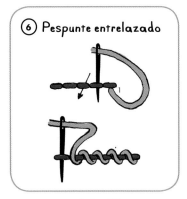

página 80

⑦ **Punto de tallo**

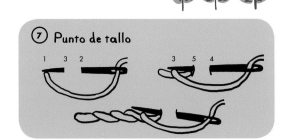

páginas 59 y 71

⑪ **Punto de semilla**

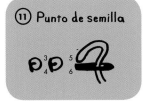

página 42 y 43

⑫ **Punto recto**

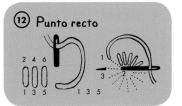

páginas 26, 43, 71, 88 y 95

⑬ **Punto gobelino recto**

páginas 112, 113 y 125

⑭ **Punto húngaro de relleno**

página 124

⑰ **Sujeción en zigzag**

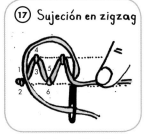

páginas 42 y 43

⑱ **Punto cuadrado**

páginas 46 y 36

⑲ **Medio punto de cruz**

páginas 125, 112 a 119

⑳ **Punto de cruz**

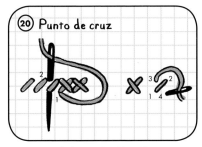

páginas 52, 62 y 125

③ Punto de cadeneta

páginas 59, 71, 78, 81 y 104

④ Cadeneta suelta entrelazada con bucles

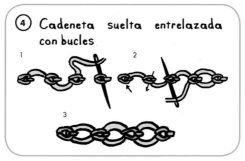

páginas 42 y 43

PUNTOS DE BORDADO

⑧ Punto de margarita

páginas 31, 77 y 103

⑨ Punto de festón

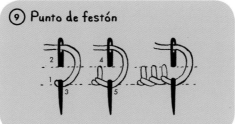

páginas 70, 79, 81, 97 y 103

⑩ Punto mosca

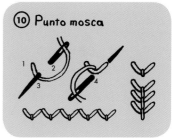

páginas 29, 79, 80 y 89

⑮ Punto de estrella

página 77

⑯ Punto de asterisco

páginas 69 y 70

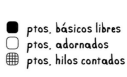

- ■ ptos. básicos libres
- ○ ptos. adornados
- ▦ ptos. hilos contados

㉑ Punto satén

páginas 26, 27, 39 y 78

㉒ Punto largo y corto

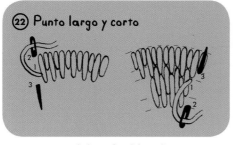

páginas 27, 36 y 70

㉓ Nudo francés

páginas 31, 70 y 76

㉔ Nudo Bullion

página 71

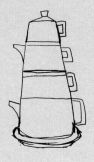

Sobre la autora: Eva Monleón vive, sueña, disfruta cocinando y comiendo (y bailando, a veces), creando nuevas historias y personajes, en Barcelona; junto a su compañero y autor de cómic Gabriel Corbera.

Su historia de amor con el bordado y las artes textiles empieza cuando aprende a bordar, tejer, hacer ganchillo y alguna cosa más en las clases de pre-tecnología de los viernes por la tarde de la EGB y, años más tarde, cuando crea sus primeras esculturas en tela estudiando Bellas Artes. Los años siguientes se dedica por completo al diseño e ilustración; y en 2008, retoma su afición por el craft publicando un blog (Misako Mimoko), seguidamente una tienda on-line (primero en Etsy y luego en su web) en la que se pueden adquirir sus muñecas hechas a mano, kits de bordado y costura, bolsos sonrientes, relojes de mentira, anillos mágicos de sirenas, colgadores de pared, felicitaciones con forma de cometas de juguete…

En 2009, empieza a impartir **talleres bordado** en Duduá, y posteriormente en Centros Cívicos (La Galería de Casa Sagnier, Casa Elizalde, EAMP, Vil·la Urània), en festivales y ferias como: minimúsica, Món Llibre, Feria Creativa… junto con diversas apariciones en televisión ("Ja t'ho faràs!", TV3).

Colabora también como **creadora de contenidos DIY y tutoriales** para publicaciones como la web americana HandmadeCharlotte.com, Kireei Magazine, Micasa, Labores del Hogar, o la editorial Blackie Little Books.

Ha participado en diversas **exposiciones colectivas**, la más reciente "Playful" en Melbourne, Australia (2016) o "Don't Play with ME" en Pawtucket, USA (2014). Sus trabajos como ilustradora se han **publicado en**: "Illustria, Nuevas tendencias de ilustración digital" y sus muñecas en: "Indie Craft" (Laurence King), en las revistas australianas Papier Maché y Frankie Magazine, en la china The Little Thing, en Doolittle, Sweet Paul Magazine, Wee, El Costurero, Smoda del País, l'Exclusive del Periódico, Glamour, Burda Style y Kireei entre otras.

Actualmente se encuentra trabajando en varios cuentos infantiles y ampliando su colección de Kits de Bordado y Costura con nuevos diseños de bordados.

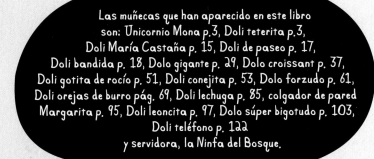

Las muñecas que han aparecido en este libro
son: Unicornio Mona p.3, Doli teterita p.3,
Doli María Castaña p. 15, Doli de paseo p. 17,
Doli bandida p. 18, Dolo gigante p. 29, Dolo croissant p. 37,
Doli gotita de rocío p. 51, Doli conejita p. 53, Dolo forzudo p. 61,
Doli orejas de burro pág. 69, Doli lechuga p. 85, colgador de pared
Margarita p. 95, Doli leoncita p. 97, Dolo súper bigotudo p. 103,
Doli teléfono p. 122
y servidora, la Ninfa del Bosque.

¡BESOS!

espero que bordes mucho,
sigue la aventura en
misakomimoko.com   eva ♡

PLANTILLAS BORDADOS

PUNTOS DE BORDADO

Consulta los gráficos de los puntos que encontrarás en las páginas 128 y 129 del libro.

1. Bastilla
2. Pespunte
3. Punto de cadeneta
4. Cadeneta suelta entrelazada con bucles
5. Bastilla doble adornada
6. Pespunte entrelazado
7. Punto de tallo
8. Punto de margarita
9. Punto de festón
10. Punto mosca
11. Punto de semilla
12. Punto recto
13. Punto gobelino recto
14. Punto húngaro de relleno
15. Punto de estrella
16. Punto de asterisco
17. Sujeción en zigzag
18. Punto cuadrado
19. Medio punto de cruz
20. Punto de cruz
21. Punto satén
22. Punto largo y corto
23. Nudo francés
24. Nudo Bullion

El numerito del círculo indica el PUNTO EMPLEADO seguido por el CÓDIGO DE COLOR del hilo.

PLANTILLA 1

proyecto página 24

2 310
2 310
21 666
23 666
12 310
10 310
21 957
11 666
10 666
22 433
21 437
12 310
2 310
2 310
8 519
22 310

línea de costura

2 310

21 666

PLANTILLA 2

proyecto página 34

134

21 300
2 3064
2 310
11 938

11 938
21 938
11 938
2 608

22 956
22 967
21 300
2 3826
12 3826

2 729
20 310
12 310
12 310
10 310
21 3846
21 210

2 3064
22 437
2 310
23 519

12 310
2 3826
21 956

21 310
21 310
3 310
11 310
11 310
2 310
21 310
23 310
22 581

3 310
2 310
2 310
18 517

22 519

21 967
21 956
21 608
2 310
21 3850
21 3846
21 3846
21 606
21 444

2 310
11 310
22 728
22 728
22 728
3 310
21 728
22 728

135

PLANTILLA 3

proyecto página 56

proyecto página 66

137

PLANTILLA 5

proyecto página 74

138

① 666

⑩ 729   ⑩ 433
⑫ 729   ⑫ 433
⑩ 729
⑦ 729
⑫ 729

⑳ 666
⑩ 666

㉓ 444
⑫ 992

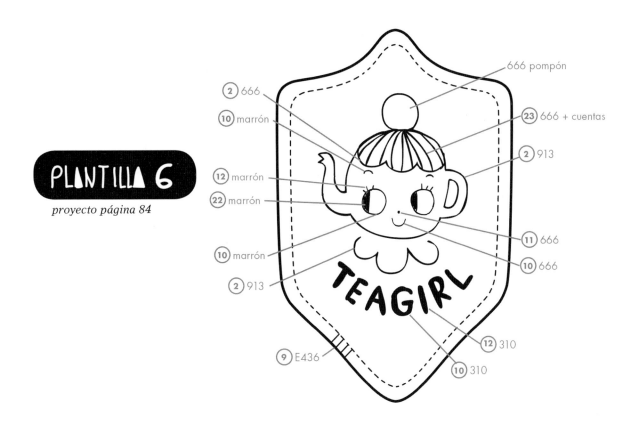

② 666
⑩ marrón
⑫ marrón
㉒ marrón
⑩ marrón
② 913

PLANTILLA 6

proyecto página 84

666 pompón
㉓ 666 + cuentas
② 913
⑪ 666
⑩ 666
⑫ 310
⑩ 310
⑨ E436

TEAGIRL

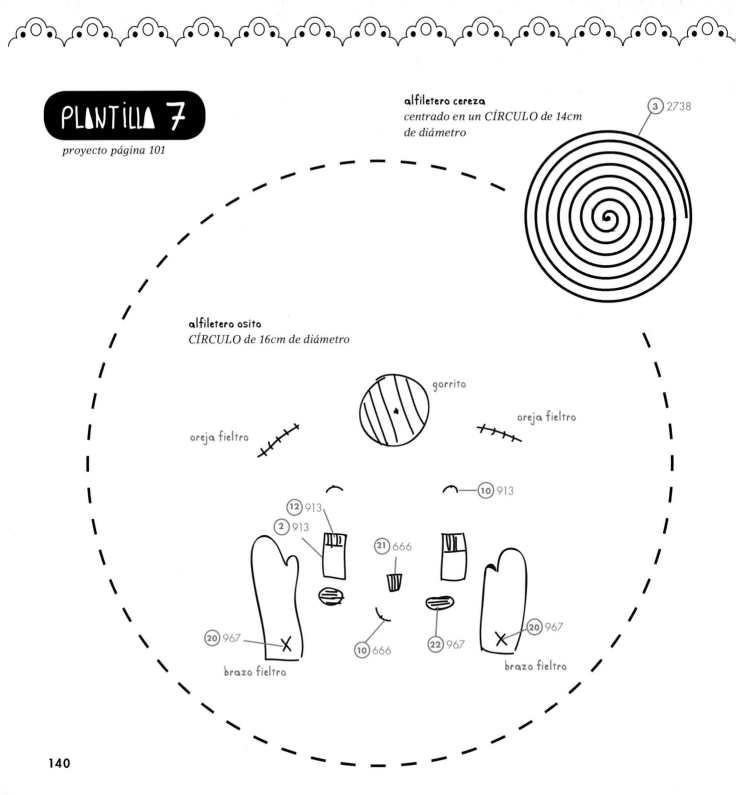

PLANTILLA 7

proyecto página 101

alfiletero cereza
centrado en un CÍRCULO de 14cm de diámetro

(3) 2738

alfiletero osito
CÍRCULO de 16cm de diámetro

gorrito

oreja fieltro

oreja fieltro

(10) 913

(12) 913

(2) 913

(21) 666

(10) 666

(20) 967

(22) 967

(20) 967

brazo fieltro

brazo fieltro

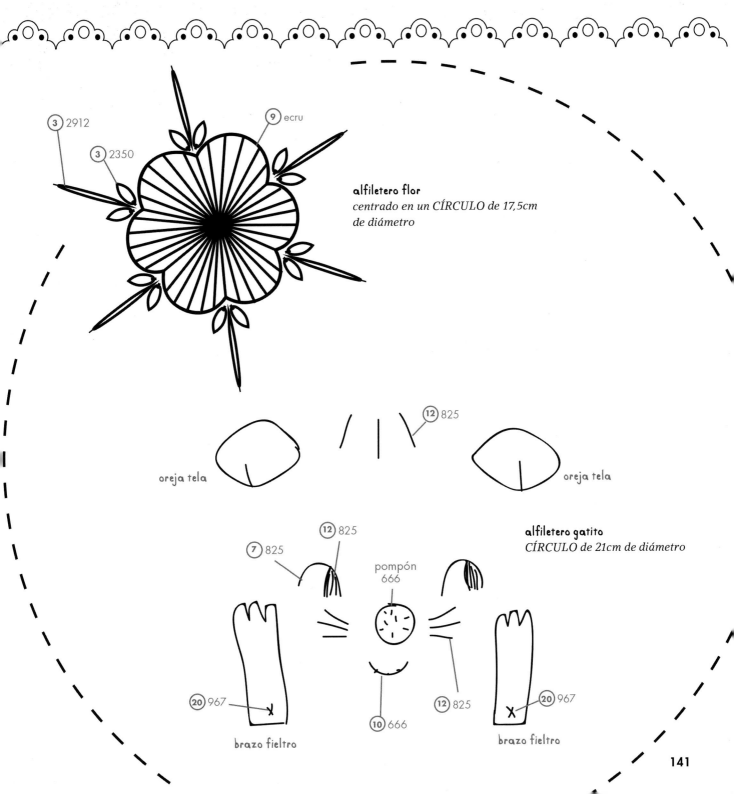

alfiletero flor
centrado en un CÍRCULO de 17,5cm
de diámetro

(3) 2912
(3) 2350
(9) ecru

oreja tela

(12) 825

oreja tela

alfiletero gatito
CÍRCULO de 21cm de diámetro

(12) 825
(7) 825
pompón 666
(20) 967
brazo fieltro
(10) 666
(12) 825
(20) 967
brazo fieltro